歴史文化ライブラリー

206

# 武田信玄像の謎

藤本正行

吉川弘文館

原則として、初版で掲載した口絵は割愛しております。

# 目　次

## 画像は訴える



## 甲冑像を読むために

# あなたは信玄ですか？——プロローグ

## 通説に挑む

私は二〇〇〇年に吉川弘文館から『鎧《よろい》をまとう人びと』という本を出した。副題に「合戦・甲冑《かっちゅう》・絵画の手びき」とあるとおり、合戦と甲冑武《かっちゅうむ》者《しゃ》を描いた中世絵画を取りあげ、それらのどこを見れば、どんな情報が得られるかということを、写真やイラストをふんだんに入れて執筆した。研究対象にした絵画自体のおもしろさもあって、有名な画像の像主《ぞうしゅ》が誰かを捜すくだりでは、推理小説ばりの謎解きが興味深かったとの書評もいただいた。

そうした絵画の一つに、高野山《こうやさん》成慶院《じょうけいいん》蔵の武田信玄《たけだしんげん》像とよばれる画像（口絵参照。以下、成慶院本とよぶ）がある。像主（モデル）は、堂々たる体躯《たいく》と大入道《おおにゅうどう》のような頭、するどい眼差《まなざ》し、髭をたくわえ威厳に満ちた容貌から、傍《かたわ》らに描かれた太刀《たち》と隼《はやぶさ》の道具立《どうぐだ》てまで、戦国武将の雄、信玄のイメージそのものである。この画像は、多くの歴史書や美術書に信玄像として掲載され、イメージが現代人に刷り込まれてきた。そうした画像の像主が、「実は信玄とは別人ではないか」というのが、前述の拙著に書いた説―像主非信玄説―である。

## ゆるがぬ信玄

信玄は今日なお崇敬の対象となっており、熱心なファンも多い。そのためイメージをそこなう像主非信玄説に拒否反応が起こるのは当然のことで、一部のかたからは心情的に受け入れがたいとの話を聞いたこともある。もっとも、歴史研究者の多くは、この成慶院本を使用する際に「伝・武田信玄像」としているので、像主非信玄説を容認、もしくは容認とまではいかなくとも異説には注意をはらっているように思う。

一方、美術史家からは、拙著刊行後、像主非信玄説を否定して従来どおり信玄像主説を主張する本が二冊刊行された。守屋正彦氏の『近世武家肖像画の研究』（勉誠出版、二〇〇二年）と宮島新一氏の『長谷川等伯《はせがわとうはく》』（ミネルヴァ書房、二〇〇三年）である。

両氏の像主信玄説は、それぞれに興味深かったが、論証に不十分なところがあり、像主を信玄とするのは、やはりむずかしいと思った。もっとも、この成慶院本を展示した最近の展覧会の解説が、守屋氏や宮島氏の説に全面的に依拠して書かれるなど、美術史家には像主信玄説を支持するかたが少なくないようである。

そこで、今回あらためて成慶院本の像主論争を打開すべく、本書を執筆した。本書では、前著『鎧をまとう人びと』で書き漏らした史料や論拠を豊富に盛り込み、より具体的に解説することを心がけたつもりである。これで成慶院本の像主を信玄とすべきか否かが、明白になると思う。

## 風俗描写の観察

もっとも、私の関心事は像主の特定よりも、画像に何が描かれているかを観察し、理解することにある。とくに風俗描写の観察は私の最大の関心事で、像主特定はその副産物なのである。三十年ほど前、甲冑武者が馬上で大太刀を掲げた有名な伝・足利尊氏《あしかがたかうじ》像（京都国立博物館蔵）の像主が、高師直《こうのもろなお》ではないかという論文を書いたときも、文章の大半は風俗描写の解説で、師直については少々ふれた程度である。したがって、私としては、像主の特定よりもなによりも、まず、この本の風俗描写の解説をお読みいただきたい。それだけでも絵画鑑賞の手引きになるはずだし、歴史を考える幅が広がると思うからである。

いま一つの関心事は、歴史を学ぶおもしろさを知っていただきたいということである。

私は大学の文学部史学科で国史学を専攻しており、一応は歴史家（文献史家）ということになるが、研究・教育機関に属した期間は、きわめて短い。つまり趣味で歴史に親しんできたわけで、それが卒業後三十年も続いたのは、歴史を探究することがひたすらおもしろかったからである。歴史はこんなにおもしろい……、この本の読者のかたがたにもそう感じていただけたらと考えながら本書を執筆した。

## 美術作品としての印象

ところで、個々の絵画の美術作品としての印象は、これまであまり書かなかった。私的な印象よりも、風俗描写の観察結果を具体的に書いたほうが、印象論でないだけに読者にもすぐに役立つと考えたためである。ところが成慶院本の研究は、歴史家よりも美術史家のあいだで盛んに進められてきたため、像主信玄説を主張するかたも美術史家に多い。それらの論述を検討し、批評するうちに、私自身が美術的印象まで述べることになってしまった。

幸いなことに、私は絵画鑑賞を趣味とする家庭で育ち、家族や親戚には画家やデザイナーもいる。私自身、学生のころは美術関係の職業を志したこともあったくらい（本書掲載のイラストや表紙にかけたオビのイラストは、すべて自分で作成した）だから、家族や親戚と絵画を鑑賞して印象を述べることがあたりまえになっていた。それゆえ、本書で美術的な印象を述べることにも違和感はなかったし、むしろ世間ではあまり知られていない絵画をいくつも取り上げ、その印象を述べさせていただいたことをありがたいと思っている。

それらの絵画は、一見すると何の脈絡もないように思われるが、実は、それぞれが成慶院本の像主が誰かを考えるうえで、貴重な手掛かりを与えてくれるものである。換言すれば、成慶院本を読み解くには、それほど広範な知識を必要とするということである。

本書によって、成慶院本の像主信玄説が沈静化することを望むが、あるいは再燃するかもしれない。結果は神のみぞ知るである。

# 信玄のイメージ

# 像主信玄説のあらまし

甲斐武田家《かいたけだけ》の菩提所《ぼだいしょ》の一つ高野山成慶院《こうやさんじょうけいいん》に、武田信玄《たけだしんげん》（一五二一―七三）を描いたとされる画像（口絵参照）がある。縦四二・〇チセン、横六二・〇チセンの横長の画像で、絹地に彩色した絹本着《けんぽんちゃく》（著）色《しょく》である。ちなみに紙に書いたものを紙本《しほん》、無彩色のものを白描《はくびょう》という。

## 成慶院本とは

画面やや左寄りに向かって右向きの像主を描く。像主は茶色に白く小花（銀杏《いちょう》説もある）に霰文様《あられもんよう》を染め出したらしい小紋《こもん》の素襖《すおう》、辻ケ花《つじがはな》染《ぞ》めで植物（「太鼓打ち童子像」〈個人蔵〉の表装に用いられている、天正《てんしょう》年間〈一五七三―九二〉ころの辻ケ花裂の意匠に酷似する）を描いたらしい内着《うちぎ》、薄紅《うすくれない》の下着を着て上畳《あげだたみ》に正座する。腰刀《こしがたな》を差し、左手に袋物を下げ、右手に畳扇《たたみおうぎ》を持つ。左端には太刀が立てて描かれる。腰刀の目貫《めぬき》や笄《こうがい》と、太刀の目貫に丸に二引両紋《ふたつひきりょうもん》が見える（図1）。像主は年配で恰幅《かっぷく》がよく、小さな髷《まげ》を結う。画面の右には像主のほうを向いた隼《はやぶさ》が枯れ木にとまっている。

　画面の左下には、杖を立てかけた袋（布袋《ほてい》の袋）のなかに「信春《のぶはる》」と書いた朱肉の落款《らっかん》（絵師の署名や捺印《なついん》）があり、桃山時代《ももやまじだい》を代表する絵師の一人、長谷川等伯《はせがわとうはく》（一五三九―一六一〇）が、信春と称していたころの作とわかる。後述（一八九頁表2）のように信春は、

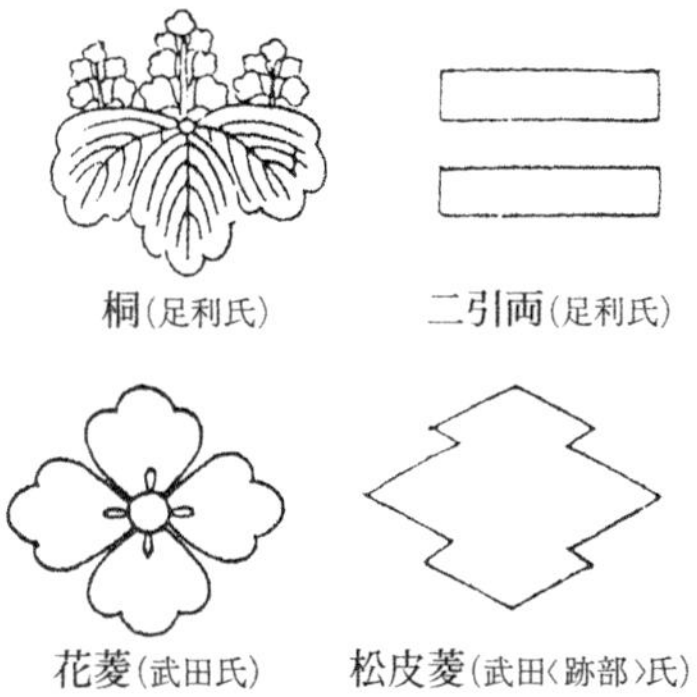


図1　本書に登場するおもな紋章

袋印《ふくろいん》（袋形印）とよばれるこの朱印を一五六〇―七〇年代に使っていたことと、当時の作品の多くは北陸に現存することが確認されている。

　成慶院本は一級の美術作品であるが、その像主を信玄と断定するには史料的裏づけが乏しい。かつて私は、その画像に描かれた風俗の特徴から、像主を信玄よりも、能登国《のとのくに》の守護《しゅご》であった畠山氏《はたけやまし》の可能性が高いと考え、その旨を拙著『鎧をまとう人びと』（「武田信玄の画像」前編・後編）で述べた。その

際、文章の末尾に「本書がきっかけになって、これらの画像に対する探究が促進されることを願っている」と書いた。それは、これまで像主を信玄と断定的に扱ってきたことが、研究の停滞を招いたからで、この状況はその後も一部で続いている。成慶院本が二〇〇四年に東京国立博物館で開催された「空海《くうかい》と高野山《こうやさん》」展に展示された際の解説が好例であろう。

つぎに、「空海と高野山」展の図録解説を全文引用する（なお、ルビは藤本がつけた）。

**展覧会の解説**

重文　武田信玄像　長谷川信春筆　一幅
絹本著色　縦四二・〇　横六三・〇　桃山時代（一六世紀）成慶院

武田信玄（一五二一—七三）が素襖《すおう》を着て青畳上に安座する肖像で、戦国の乱世を生きる武士の風格ある姿が活写されている。頭と手が小さく描かれて、堂々とした体軀を示す。また鋭い視線の緊張感に満ちた顔の表現は、精緻で写実的である。内衣に辻《つじ》が花《はな》の小袖を着、右手に白扇をもち、左手には火打袋《ひうちぶくろ》（胴乱《どうらん》）を下げる。腰に小刀（腰刀《こしがたな》）を帯び、画面右に枯木に隼が止まり、左には太刀が描かれている。戸外風景を思わせる描写や横幅《よこふく》という型破りな画面形式は、中世以来の肖像画から戦国時代の大名肖像画への新たな展開を示している。

ここまでが、解説の前半で、このあとに像主信玄説が述べられる。

近年、像主が信玄ではないとする説が出された。しかし、小刀にみられる武田家のものでない二引両《ふたつひきりょう》の紋は、足利将軍家から賜予《しよ》されたものと解されるし、また戦国期の武将には、有髷の入道姿が多々みられることから、信春時代の等伯が甲斐《かい》に下向し、晩年の信玄と対面して本図を制作したと考えられる。さらに信玄の室は、三條《さんじよう》公頼《きんより》の女《むすめ》であって、やはり等伯がその肖像を描いた本法寺《ほんぽうじ》第八世の日堯上人《にちぎようしようにん》と叔父・姪の関係であり、三條氏との関連で等伯が信玄の肖像画を制作する背景があったとされている。このように成慶院宛の勝頼寄進状《かつよりきしんじよう》にいう「信玄寿像《じゆぞう》」が本図であることに何ら矛盾はない。（松嶋）

この解説には参考文献を記していないが、執筆した松嶋雅人氏（東京国立博物館学芸員）が、守屋正彦氏（筑波大学助教授）や宮島新一氏（九州国立博物館副館長）の論述を参考にしていることは確実である。宮島氏は成慶院本の作者である等伯の研究を通じて、以前から像主信玄説を強調されていたし、像主の問題で武田氏と三条氏の関係を強く主張されたのは守屋氏だからである。このように、図録の解説は像主を信玄と断定しているのだが……。

## 賛による身元確認

成慶院本の像主が誰か、実ははっきりしない。その一番の原因は、この画像に賛《さん》（讃）がないためである。

賛とは、像主の履歴や人柄、「家臣の某《なにがし》が主君の某の追悼のために描かせた」などという画像制作のいきさつなどを書いた文章である。賛にはそれを書いた人物の名前（僧侶が多い）や書いた年紀を記すことがめずらしくない。普通は像主の頭上に書かれる。画像の画面は縦長で、像主は座った姿で描かれることが普通だから、画面の上部、つまり像主の頭上に余白ができる。この余白に賛が書かれるのである。賛には漢詩や和歌をともなったものもある。また、文章がなく漢詩や和歌のみ書いた画像もある。賛は画像ができるとすぐに書かれることもあるが、何年もたってから書かれることもある。画像の遺品には画面上部が余白のままのものがあるが、なかには賛を書き込むつもりだったものもあろう。

このように、賛は像主特定をはじめ、史料として活用する際の有力な情報源となる。もっとも、賛はことの性質上、「百戦百勝の勇将」とか「たぐいなき美貌」といった像主にとって都合のよいことしか書かれない。自慢することを「自画自賛」とよぶのは、このためである。さらに注意すべきは、加筆や削除などの改変ができることで、賛のなかった画像に、後世、別人について述べた賛を書き込み、別人の像に仕立てた例さえある。

さて、成慶院本には賛がない、というよりも、本来あるべき上部の余白がない。これは、画像としてはめずらしいことに、成慶院本の画面が横長で、それを目一杯使って像主と隼と太刀を描いているからである。加藤秀幸氏（元東京大学史料編纂所教授）は、「武家肖像画の真の像主確定への諸問題」上・下（『美術研究』三四五・三四六号、一九八九年一一月・一九九〇年三月）で、成慶院本の画面は本来は縦長で賛もあったのだが、上半分が裁断されたのだとされている。

## 勝頼の寄進状

賛がない成慶院本が信玄像とされる理由は、信玄の子の武田勝頼（一五四六—八二）が成慶院に信玄画像を寄進したとする書状（成慶院文書）があるからである。つぎに、その全文を掲げる（『大日本史料』第十編之十五、東京大学史料編纂所、一九七五年）。

例年の如《ごと》く祈祷《きとう》の巻数《かんず》到来、目出《めでた》く頂戴せしめ候、殊《こと》に段子《どんす》・墨筆等給い候、祝着《しゅうちゃく》此の事に候、随《したが》って信玄公寿像《じゅぞう》幷《ならび》に遺物等注文別に在り贈り進じ候、茲《これ》に因《よ》り恵林寺殿日牌料《えりんじでんにっぱいりょう》黄金十両使僧《しそう》へ相渡し候、弥《いよいよ》仏前の法事任せ入り候、委細《いさい》安倍五郎左衛門尉申すべく候、恐々謹言《きょうきょうきんげん》

五月十六日　　　　　　　　勝頼（花押）

謹上《きんじょう》成慶院

〔大意〕

例年どおりに祈禱されたことを示す巻物が届きましたので、ありがたく頂戴しました。また緞子《どんす》や墨や筆などの進物も嬉しく存じます。さて信玄公の寿像《じゅぞう》と遺品などを寄進します。遺品の目録は別紙のとおりです。また恵林寺殿（信玄）の日々の読経《どきょう》供養《くよう》のための位牌料《いはいりょう》として、使いの僧侶に黄金十両を託しました。ますます精を入れて法事をしていただくようにお願いします。くわしいことは安倍五郎左衛門尉が申します。恐々謹言。

信玄が五十三歳で病死したのは、元亀《げんき》四年（一五七三、七月二十八日に天正《てんしょう》元年と改元）四月十二日だが、武田家の盛衰を記した江戸初期の甲州流軍学書『甲陽軍鑑《こうようぐんかん》』品《ほん》五十一によれば、信玄は三年間喪を秘すように遺言している。実際には、信玄の死は、ただちに各方面に伝わったが、葬儀は三年後の天正四年（一五七六）四月十六日に、甲斐《かい》の恵林寺（塩山市）で行われた。こうして喪があけたあとで、勝頼はこの書状を書いたのであろう。

これより前の天正三年五月二十一日に、武田軍は長篠《ながしの》合戦で織田信長《おだのぶなが》・徳川家康《とくがわいえやす》軍に大敗している。父信玄が半生を賭けて築きあげた武田の精鋭を、わずか半日の戦闘で失った勝頼は、どのような感慨を込めて、父の遺品を成慶院に寄進したのであろうか。

## 「信玄公寿像」

さて、文中の「寿像」とは、像主を生前に描いた画像のことである。ここに「信玄公寿像」とあるから、信玄が生前に描かせた画像があり、それを勝頼が成慶院に寄進したことがわかる。以上の経緯からすれば、この画像は生前の信玄の面影をもっともよく伝えるものということになる。この書状が同時代の画像である成慶院本とともに、成慶院に伝わったことから、成慶院本は勝頼が寄進した「信玄公寿像」とされてきた。

たとえば美術史家で等伯研究者として有名な土居次義氏は、中野義照著『秘宝七・高野山』（講談社、一九六八年）の作品解説で、成慶院本について、

本像は、信玄の子勝頼（一五四六―一五八二）が成慶院に送った書状によれば、信玄の寿像であることが知られ、

としている。また、美術史家の中島純司氏も『長谷川等伯』（『日本美術絵画全集』一〇、集英社、一九七九年）で、

本図は高野山における武田の菩提寺成慶院に、天正元年（一五七三）信玄没後、その

寿像として武田勝頼によって寄進されたものである。勝頼の寄進状によれば、信玄公の寿像や遺品を日牌料黄金十両を添えて送るとあり、肖像の制作は当然、この年以前ということになる。

としている。つぎに美術史家の武田恒夫・狩野博幸両氏が執筆した『戦国合戦絵屏風集成・別巻』（中央公論社、一九八一年）の作品解説にも、

戦国の傑物の武田信玄を描いた肖像画として人口に膾炙《かいしゃ》されている一幅。武田勝頼自筆の寄進状が残っていて、それによれば信玄の「遺物」および「黄金十両」とともに、高野山成慶院に施《せ》入《にゅう》されたものであることがわかる。また、そこに「信玄公寿像」とあるのを見れば、本図が武田信玄の生前に描かれたものであることも判明する。

とある。さらに宮島氏は『長谷川等伯』でつぎのように述べられている。

成慶院には武田勝頼の寄進状があって、そこには信玄の遺品とともに「信玄公の寿像」とはっきりと記されていることである。成慶院に信玄像があったことは確かなことである。しかもこの画像は『集《しゅう》古《こ》十種《じっしゅ》』にも信玄像として掲載されており、それを受けて寄進状とともに昭和三十四年に重要文化財に指定されている。ただし、勝頼が寄進した像については江戸時代になってから、弟の逍遙軒《しょうようけん》筆だとする説が付加さ

れるようになった。

松嶋雅人氏が図録の解説で、像主を信玄とすることへの疑問に対し、種々批判されたうえで、「成慶院宛の勝頼寄進状にいう「信玄寿像」が本図であることに何ら矛盾はない」と結論づけられたのは、多くの美術史家にとって、それが常識だからである。

ところが、寄進状には「信玄公寿像」とあるばかりで、その図様や作者については、一切ふれられていない。これでは成慶院本が「信玄公寿像」に該当するか否かは、わからないではないか。もちろん、勝頼の寄進状により、成慶院に信玄の寿像が存在したことは認められよう。問題は、成慶院本をそれと断定するには史料的裏づけが乏しいということである。

# 弟が描いた信玄像

## あてにならない『集古十種』

宮島新一氏が述べられたように、江戸時代の古器物図録『集古十《しゅうこじっ》種《しゅ》』の古画肖像部には「武田《たけだ》 源《みなもとの》 晴信像《はるのぶぞう》 高野山成慶院《こうやさんじょうけいいん》蔵」として、成慶院本の模写が木版《もくはん》で掲載されている（図2）。像主信玄説の主張者は、これを典拠としているのだが、なにしろ『集古十種』は松平定信《まつだいらさだのぶ》（一七五八―一八二九）の編纂で、寛政《かんせい》十二年（一八〇〇）の序文がある。つまり信玄《しんげん》没後、二百年以上たって編纂されたものだから、同書でわかるのは、江戸後期に成慶院本の像主を信玄とする説があったらしいということだけなのである。しかも同書には、当時の伝来を無批判に紹介したためか、一部の画像の像主が、別人である可能性さえ指摘されている。

図2　信玄像（部分）

腰刀につけた笄（こうがい）には丸に二引両紋が描かれ，髷（まげ）がない．太刀の柄の飾り結びは手貫の緒（てぬきのお）で，当時の画像に散見する．小さな飾り結びにして威儀を高めるが，本来は実戦で太刀を取り落とさぬためのものであった．後掲79頁図17の，輪を大きくした緒の実戦的な形状と比較されたい．なお原本（成慶院本）では絹地の一部が引き連れており，そこに描かれた太刀の鞘（さや）の先端もよろけているが，この図はそれをなまなましく再現している

（『集古十種』より）

もっとも有名なのは、美術史家の谷信一氏が、その風俗描写から九代将軍足利義尚《あしかがよしひさ》の像であることを明らかにされた地蔵院蔵《じぞういんぞう》の画像（谷信一「出陣影《しゅつじんえい》の研究」『美術研究』六七・六八号、一九三七年）を足利尊氏《あしかがたかうじ》として紹介していることである。ほかにも、足利将軍家の重臣であった高《こう》一族を描いたと思われる京都国立博物館蔵の画像を、足利尊氏として紹介したり（黒田日出男編『肖像画を読む』角川書店、一九九八年。および拙著『鎧をまとう人びと』）、美術史家の米倉迪夫《よねくらみちお》氏によって足利尊氏と弟の直義《ただよし》の画像であることを指摘された神護寺《じんごじ》蔵の画像二幅の像主を、それぞれ平重盛《たいらのしげもり》、源頼朝《みなもとのよりとも》の像として紹介したりしている（米倉迪夫『絵は語る四　源頼朝像—沈黙の肖像画—』平凡社、一九九五年）。それゆえ『集古十種』に信玄像とあるからといって、成慶院本を信玄像とは断定できないのである。

ちなみに守屋正彦氏は『近世武家肖像画の研究』のなかで、『集古十種』の信玄像について「この図で見る限りは当初から画賛を予定しているようには見られず、もしそうであるならば詳細にその賛を記録しているものと思われる」（一七三頁）とされているが、『集古十種』は像主中心で、賛は最初から省いている。たとえば高台寺《こうだいじ》蔵の豊臣秀吉《とよとみひでよし》像には妙《みょう》心寺隣華院《しんじりんかいん》の南化玄興《なんかげんこう》（一五三七—一六〇四）の賛があるが、『集古十種』は像主秀吉自身と着衣の陰から覗く太刀の柄のみを写しており、賛の存在にはまったくふれていない。

## 重要文化財に指定

成慶院本は戦前に重要美術品に指定されており、戦後は昭和三十四年（一九五九）六月二十七日付けの文化財保護委員会告示第三十三号で、「絹本著色《けんぽんちゃくしょく》武田信玄像　長谷川信春《はせがわのぶはる》筆　一幅」と題して重要文化財に指定（台帳・指定書番号　絵一四七一）されている。また勝頼《かつより》の寄進状《きしんじょう》は「附　紙本墨書武田勝頼寄進状（巻子本中）一通」として同時に指定されている。『解説版　新指定重要文化財二絵画Ⅱ』（「重要文化財」編纂委員会編、毎日新聞社、一九八一年）に記載されたその解説（執筆は、当時、文化庁文化財保護部美術工芸課調査官であった宮島新一氏）には、

成慶院所蔵の武田勝頼寄進状によれば、元亀四年（一五七三）の信玄没後、勝頼は日《にっ》牌料《ぱいりょう》十両を添えて信玄の寿像を寄進したことが知られ、本像がその時のものと考えられる。

とある。ただし、画像が寄進状と一緒に重要文化財に指定されたことは、像主を信玄とする論拠にはならない。

## 上杉家に逃げ込んだ武田家の子孫

ところで宮島氏は、前掲の引用文（一六頁）のなかで「勝頼が寄進した像については江戸時代になってから、弟の逍遙軒《しょうようけん》筆だとする説が付加されるようになった」と述べられている。この逍遙軒とは、

武田信虎《たけだのぶとら》の三男の武田逍遙軒信綱《のぶつな》（?—一五八二）のことである。彼ははじめ武田信廉《のぶかど》と名乗り、武将として長兄の信玄を補佐したが、また絵画に巧みでもあった。その作品として確実なものに、常磐山文庫《ときわやまぶんこ》蔵の天神画像、大泉寺《だいせんじ》蔵の武田信虎画像と同夫人の画像などがある。とくに信虎像は晩年の魁偉《かいい》な容貌の存在感あふれる描写と、型にはまらぬ体軀《たいく》の描写とで、一流の職業絵師に劣らぬ技量を示している。この逍遙軒ほど信玄を描く機会に恵まれた人物はいないだろう。

実際、出羽《でわ》武田家の文書のなかに、成慶院に逍遙軒筆の信玄像があったことを記した史料がある。出羽武田家は、天正十年（一五八二）に勝頼の敗死で武田家が滅びたのちも生き延びた信玄の末子、信清《のぶきよ》（一五六三—一六四二）の末裔である。信清は高野山無量光院《こうやさんむりょうこういん》に逃れ、ついで越後に走り、上杉謙信《うえすぎけんしん》の養子でその跡を継いだ景勝《かげかつ》（一五五五—一六二三）の客分《きゃくぶん》になった。景勝の夫人が信清の姉であったことを利用したのだろう。信清の子孫は出羽米沢藩《よねざわはん》上杉家に代々一千石で仕えた。これが出羽武田家である。

## 「御什物の覚」の記事

注目されるのは、同家の文書の「武田より成慶院へ遣わされ候御什物《おんじゅうもつ》の覚《おぼえ》」（『大日本史料』第十編之十五。以下、「御什物の覚」とよぶ）である。それを抜粋して紹介する。

武田より成慶院へ遣わされ候御什物の覚

一、信玄公御寿像《おんじゅぞう》　一輻（幅）

逍遙軒筆

一、同御数珠印子《おじゅずいんす》　一連

一、信玄公御自行大威徳法《だいいとくほう》　一冊

（中略）

一、十二天　十二輻（幅）

一、十王　十輻（幅）

（中略）

已上《いじょう》

右の分、先年己酉《きゆう》の年に、其元《そこもと》へ使僧《しそう》を以って持たせ進じ候へども、御遠慮歟《ごえんりよか》、御覧成されざるよしに候、先《ま》ず御心得《おこころえ》のため、斯《か》くの如《ごと》く書出進上仕り候、已上、

高野山細入坊

三月十五日

成慶院

武田大隅守《おおすみのかみ》様

この文書の端裏《はしうら》（用紙の裏面の端。畳《たた》むと表側に出る）には、受け取った側が書いたと見られる「武田大蔵」という書き込みがある。この大蔵または大隅に該当する人物として、信清の子の勝信《かつのぶ》（一六〇七―八〇）があげられる。彼は慶安《けいあん》元年（一六四八）に大隅を名乗り、ついで延宝《えんぽう》二年（一六七四）に大蔵に改めている。したがって、文中の「先年己酉《きゆう》年」は寛文《かんぶん》九年（一六六九）ということになる。

## 弟が描いた信玄像

文面によれば、「御什物の覚」は寛文九年に、当時、武田家から寄進されて成慶院が所蔵していた品々の目録とわかる。成慶院はこの品々を信玄の子孫である勝信に送ったものの、勝信が見もしなかったので、あらためてこの目録だけを送ったという。そしてその冒頭に「信玄公御寿像　一幅《（幅）》　逍遙軒筆」が記載されている。他に信玄像の記載はないから、武田家が成慶院に寄進した信玄像は、寛文九年の時点でこれ一幅ということになる。成慶院はそれを逍遙軒筆と認めていたのである。

宮島氏は「勝頼が寄進した像については江戸時代になってから、弟の逍遙軒筆だとする説が付加されるようになった」と述べられたが、「御什物の覚」は、成慶院本を信玄像とする『集古十種』の成立より百年以上も前の記録だから、史料的に問題の多い『集古十種』よりも、武田家寄進の信玄像を逍遙軒筆とする「御什物の覚」を信頼すべきである。

一方、成慶院本は信春筆で、逍遥軒筆ではない。像主信玄説の主張者は、信春筆が逍遥軒筆と誤り伝えられたと言うが、逍遥軒が信玄の寿像を描き、勝頼がそれを成慶院に寄進したというのは、三者の関係から見て、きわめて自然である。これに比べて、信春が信玄の寿像を描くというのは、両者の立場や経歴（詳細は後述）からみて不自然で、よほど具体的で説得力のある裏づけ史料がないかぎり疑わざるを得ない。

「御什物の覚」についで注目されるのは、江戸前期の京の絵師、狩野永納《かのうえいのう》（一六三一―九七）が編纂し、元禄《げんろく》六年（一六九三）に刊行した、日本最初の画家伝記集である『本朝画史《ほんちょうがし》』である。ここには「武田逍遥軒」と題して「信玄の弟也、性《せい》絵を好み、善《よ》く信玄の寿像を写す、又十王及十二天の像を画す、紀州高野山に在り」とある。文中の「十王及十二天の像」は「御什物の覚」に見える「十二天像　十二輻（幅）」「十王　十輻（幅）」に該当するものであろう。このことからも、成慶院が逍遥軒筆とされる信玄寿像を所蔵していたと認められる。この画像は行方不明だが、その模本であると明記した画像がある（詳細は七六頁）。

# 諏訪法性の兜

## 『紀伊国名所図会』の「武田信玄冑」

出羽《でわ》武田家文書《たけだけもんじょ》「御什物《おんじゅうもつ》の覚《おぼえ》」に記載された品々について、守屋正彦氏は「成慶院における武田遺宝の全てではない」のに藤本はそのことにふれていないとして、天保《てんぽう》九年（一八三八）刊行の地誌『紀伊国名所図会《きいのくにめいしょずえ》』三編之六に、成慶院蔵として図示されている「武田信玄冑《たけだしんげんかぶと》」（「南蛮鉄《なんばんてつ》にして亘《わたり》八寸高六寸」と注記）を紹介されている（図3）。守屋氏の主張は、成慶院には「御什物の覚」に記載のないこういうものがあるのだから、「御什物の覚」に長谷川信春筆の成慶院本が記載されていなくても不都合はないということらしいが、「武田より成慶院へ遣わされ候御什物の覚」との表題をすなおに解釈すれば、ここに列挙された品々のみが、

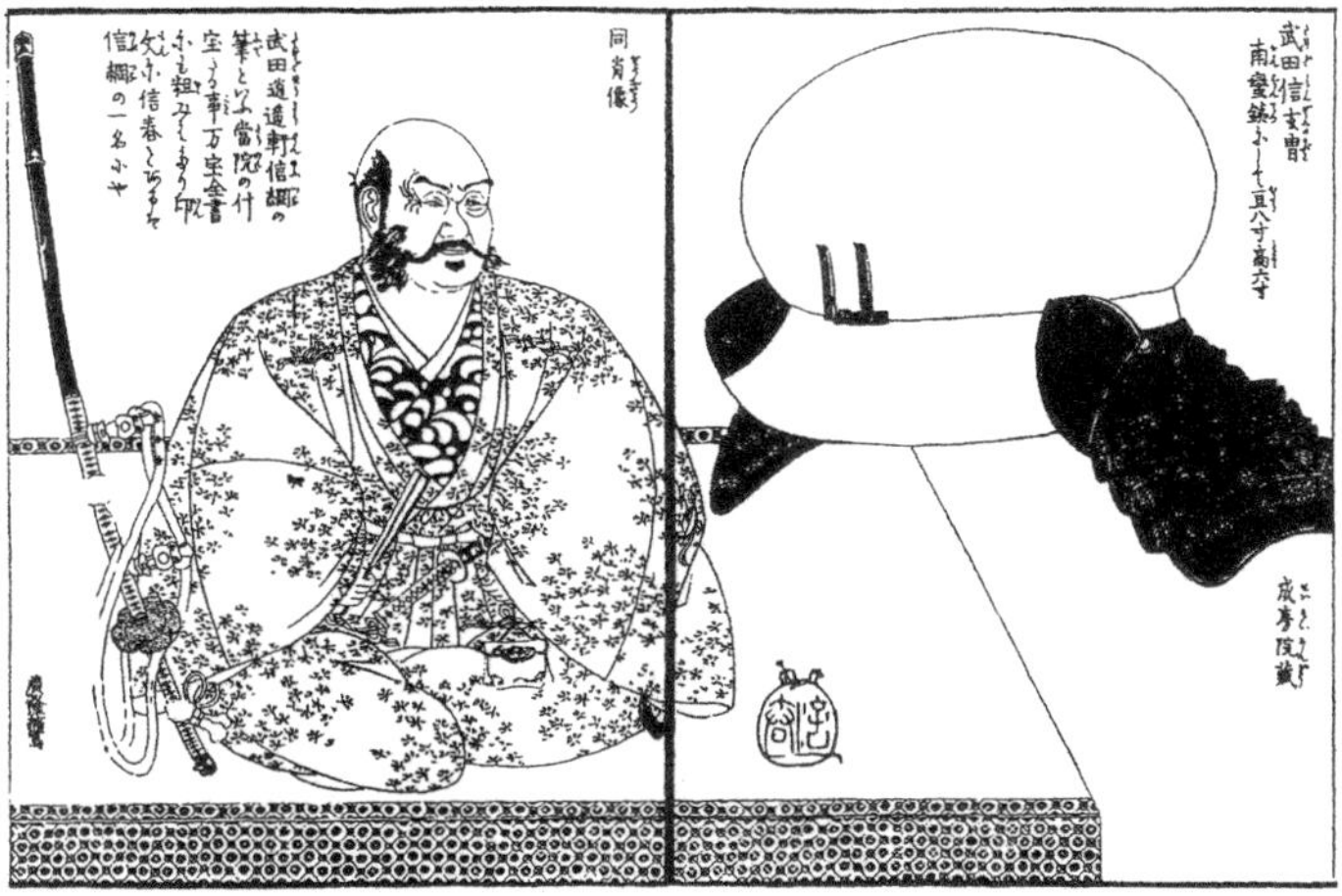


図３　武田信玄冑と肖像

この図には髷（まげ）がある．ただし，原本（成慶院本）で薄くなった髪を後頭部で束ねて折ったこの小さな髷は，本図では，折った部分と上方に突き上げた先端とが，２個の黒点にしか見えない．

また腰刀の紋がないことにも注意．兜（かぶと）の図では，正面の並び角本（ならびつのもと）の形状がよくわかるが，現在，成慶院が所蔵している前立（まえだて）は描かれていない

（『紀伊国名所図会』より）

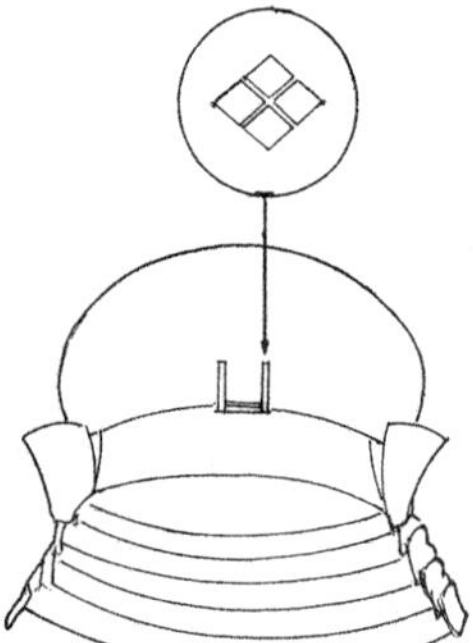

図４　成慶院蔵の丸頭巾の兜と割菱紋の前立
成慶院蔵の丸頭巾の兜（下）には並び角本（ならびつのもと）がつくから，前立（まえだて）にも孔が２つ必要だが，割菱紋（わりびしもん）を描いた日輪の前立（上）には孔が１つ（図の黒い箇所）しかない．したがって，矢印のように左側の角本に前立を差そうとすると，兜の中央につくはずの前立が，左に寄ってしまう．右も同様である

寛文九年（一六六九）当時、成慶院にあった武田家の遺品のすべてとなろう。

つぎに、この「武田信玄冑」の実物は鉄打ち出しの丸《まる》頭《ず》巾《きん》形《なり》兜《かぶと》だが、様式的に信玄や勝頼《かつより》より時代が下る。さらに、この兜は現在、『紀伊国名所図会』には描かれていない立《たて》物《もの》がついて、成慶院に遺されている。立物は、装飾や威嚇《いかく》、自己の顕示、敵味方や部隊の識別などのために兜につけるものである。戦国期の立物の場合、たいていは兜につけた祓《はらい》立《たて》という筒に似た装置に、立物から出ている細い足を差し込むか、兜につけた角本《つのもと》という角状の装置を、立物の孔《あな》に差し込むかしてつける。つける位置で、前立《まえだて》、脇立《わきだて》、後立《うしろだて》、頭立《ずだて》などと区別する。

成慶院の立物は前立で、丸い小さな板に金箔を置いて日輪《にちりん》を象《かたど》り、その表面に割菱紋《わりびしもん》を描いている。前立の下に孔が一つあり（現在は破損）、これを兜の角本に差し込むのだが、この成慶院の兜には正面に角が二本並んだ角本（並《なら》び角本《つのもと》という）がついている（図4）。したがって、この前立の孔に二本の角本のどちらを差しても、本来は正面にくるはずの前立が、脇に寄ってしまう。つまりこの前立は兜と別物であって、別々に作られたものなのである。

## 前立の割菱紋

いま一つ問題なのは、この前立が日輪に割菱紋を描いていることである。一般に信玄は割菱紋を用いたとされ、これを武田菱とよぶほどだが、武田家の総領の家紋は、略式の割菱紋ではなく花菱紋《はなびしもん》である（前掲九頁図1）。江戸期に大量に描かれた信玄の甲冑姿の画像には、日輪に割菱紋を描いた前立が散見するが、実際には使わなかったろう。私が拙著でこの兜を紹介したのは、「御什物の覚」に未掲載で、江戸期の作と見られる兜が信玄の兜として成慶院にあることで、江戸期になってから信玄の遺品と称して成慶院に納められたものもあったことと、信玄の伝来には疑わしいものもあることを示唆するためである。換言すれば、成慶院本もまた検討を要することになる。

成慶院蔵の丸頭巾形兜のように、信玄所用の伝来のある兜は多いが、時代を反映する様式的特色、入念な制作がもたらす格調の高さ、さらには伝来事情なども考慮して、信玄所用と認められるのは、永禄《えいろく》四年（一五六一）の小田原《おだわら》攻めの折りに寄進《きしん》したという相模一の宮の寒川神社《さむかわじんじゃ》蔵の筋兜《すじかぶと》（図5）と、武田家滅亡後、甲斐《かい》郡内を領した徳川家康《とくがわいえやす》の重臣、鳥居元忠《とりいもとただ》が入手し、のちに出羽新庄藩主戸沢《でわしんじょうはんしゅとざわ》家が鳥居《とりいけ》家から養子を迎えた際、戸沢家に移ったとされる小星兜《こぼしかぶと》の二点である（部分品としては一〇六頁で紹介する長岳寺《ちょうがくじ》蔵の兜の部品—鍬形台《くわがただい》—がある）。また勝頼所用としては、甲斐一の宮の富士浅間神社《ふじせんげんじんじゃ》に寄進した小星兜（西光寺蔵）一点が信頼できるものである。

これら三点にはすべて、割菱紋ではなく花菱紋の金物がついており、また、立物をつける装置におもしろい共通点がある。すなわち、祓立の手前に大きな並び角本をつけていることである。このように祓立と並び角本を併用した兜は、彦根城博物館などに江戸期のものが二、三あることを除けば類例が見あたらず、特異なものといえる。そこで想起されるのが『甲陽軍鑑《こうようぐんかん》』品《ほん》五十二に信玄の兜として記された諏訪法性《すわほっしょう》の兜である。同書に、

## 諏訪法性の兜

信玄公、勝頼公へ御譲ゆるし給う諏訪法性上下大明神《かみしもだいみょうじん》とて前たてにあそばさるる御《おん》甲《かぶと》、信玄公御秘蔵の故、諏訪法性の御甲と是《これ》を申す、

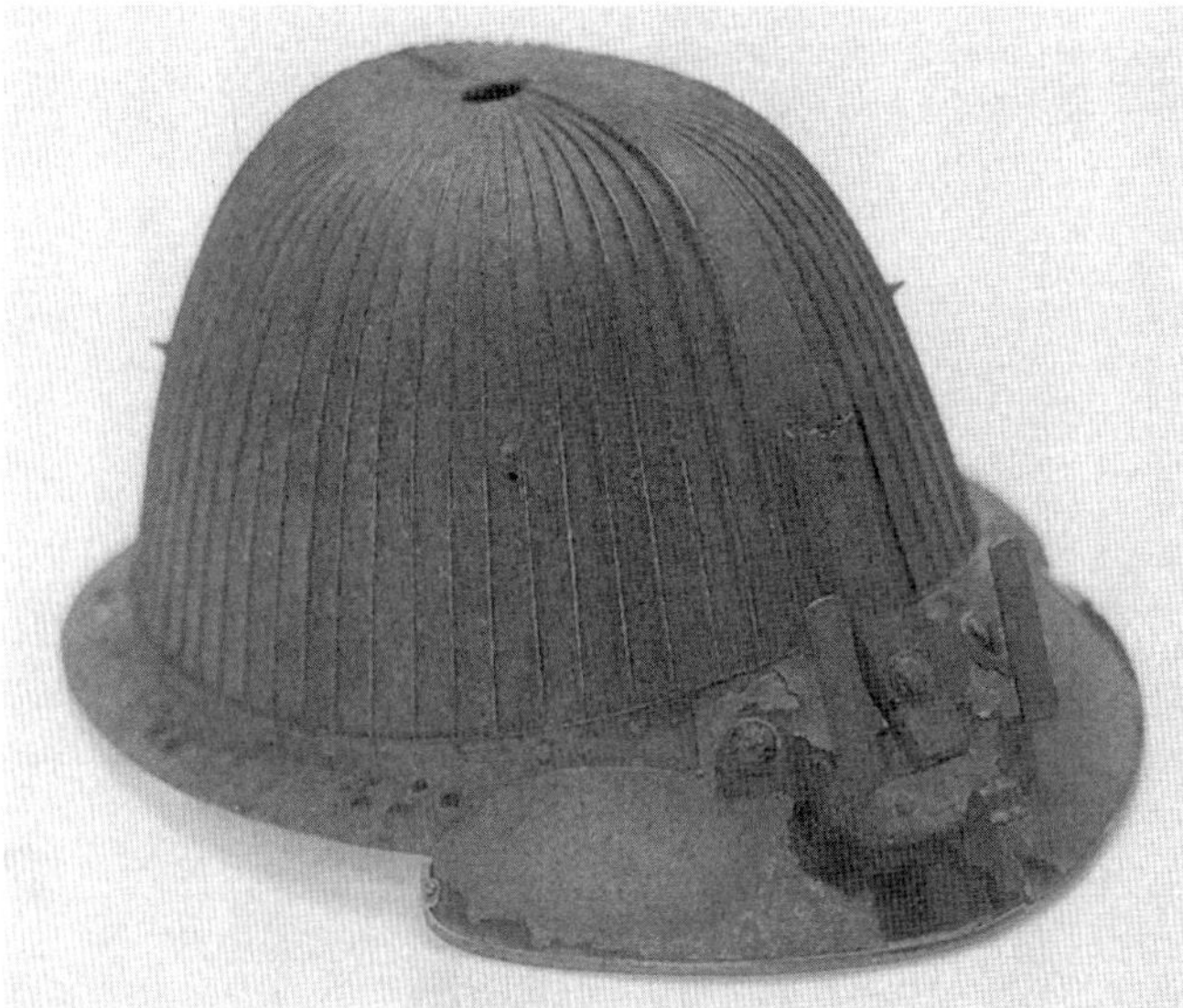

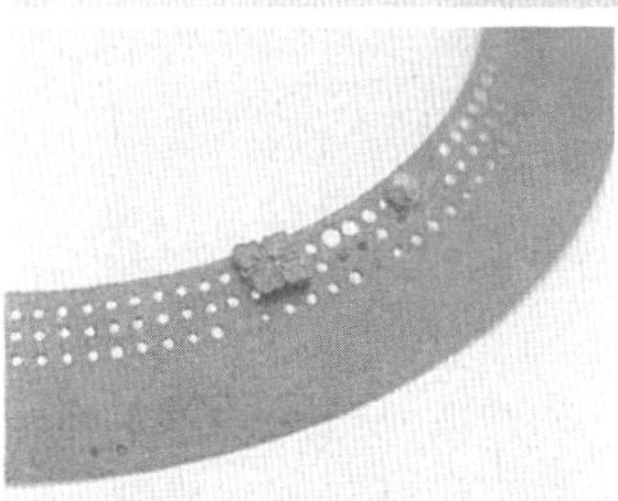

図5　信玄寄進の筋兜
信玄の兜（かぶと）としてもっとも信頼できるものである．鉄板製の𩊱（しころ）〈写真下〉には花菱紋（はなびしもん）の金物が残る
（神奈川県高座郡・寒川神社蔵）

とあって、この呼称が前立に書かれた神号によることがわかる。

### 戦場に遺棄された兜

同書には、さらにこの兜を譲られた勝頼が、長篠《ながしの》合戦で敗走する際、これを預かっていた家臣の初鹿野伝右衛門《はじかのでんえもん》が戦場に遺棄したのを、小山田弥助《おやまだやすけ》が拾って戻ったとある。建仁寺久昌院《けんにんじきゅうしょういん》蔵の襖絵《ふすまえ》「長篠合戦図」では、退却する勝頼と伝右衛門の後方に、兜が転がっている。この兜の前立は大きな金の日輪で、その中央に「南無諏訪法性」、右に「上下」、左に「大明神」と三行に記され、諏訪法性の兜であることを示している。同様の兜は江戸期の信玄像にも稀に描かれているが、実物もこのようなものだったと思われる。

「長篠合戦図」は幕末の大和絵師、浮田一蕙《うきたいっけい》（一七九五―一八五九）の作と伝えられている。私はその筆致と、古画を手本に再構成した手際のよさから、一蕙の作に誤りないと思う。一蕙は古画を手本にした作品が多いから、この兜にも手本があったのだろう（拙稿「久昌院蔵「長篠合戦図」について」『中世城郭研究』一八号、二〇〇四年七月）。

### 諏訪法性の前立の実像

諏訪法性の兜を彷彿《ほうふつ》させるものに、上杉博物館蔵の上杉景勝《うえすぎかげかつ》所用の兜がある。これは直径約三〇センチの巨大な金の日輪の前立をつけたもので、それには右から「摩利支尊天《まりしそんてん》」「日天大勝金剛《にってんたいしょうこんごう》」「毘沙門天王《びしゃもんてんのう》」の神号を切り出した金銅板を鋲留《びょうど》めにしている。材質や細部の手法はともかく、巨大な日輪に神号を記す形式は実在したわけだ。

ところで、景勝の兜の前立の日輪は、左右に広がる銀の雲に乗る形になっている。神仏を示す日輪が雲に乗るさまは、古くから仏画などに見えるから、諏訪法性の前立の日輪も、雲に乗っていたと考えておかしくない。そこで注目されるのが、前掲の三点の兜が類例稀な祓立と並び角本を併用していることである。この祓立に日輪をつけ、手前の並び角本に雲形をつければ、雲海のうえに、諏訪法性を記した日輪が浮かびあがることになる。

もっとも、勝頼の兜には祓立に金銅の富士山（裾《すそ》が直線ではなく複雑な曲線をしている）を差していたことが古写真で確認されるが、これも並び角本に雲をつければ、雲海から浅間神社《せんげんじんじゃ》の御神体《ごしんたい》である富士山が浮かびあがる仕組みになる。あるいは、もともとついていた諏訪法性の前立を、富士山に取り替えて奉納したのかもしれない。なお、江戸期に想像で描かれた信玄像のなかにも、日輪を雲に載せたものがある（典廏寺《てんきゅうじ》蔵など）。

以上の理由から、諏訪法性の兜は、通常の筋兜や小星兜で、金の日輪に神号を配し、雲形と組み合わせた前立をつけたものと思われる。ちなみに、三点の兜のうちの二点は、祓立と並び角本は鉢と同時に作られたようだが、寒川神社蔵の一点は鉢と祓立の極めて入念な作りに比べて、並び角本の作りがやや粗雑（当時としては並以上だが）で、途中で追加したような印象を受ける。この兜には天文《てんぶん》六年（一五三七）の年紀があるが、これは信玄が諏訪方面に進出し、諏訪氏の女《むすめ》に息子勝頼を生ませる以前のことだから、最初は別な前立であったものが、のちに改造して諏訪法性の前立をつけたとか、最初は日輪の前立だけだったものに、並び角本をつけて雲を追加したなどと、さまざまな解釈が可能である。

## 想像で描かれた諏訪法性の兜

江戸期に想像で描かれた信玄は、ほとんどが、金か赤の普通の日輪に、割菱紋を描いた前立をつけ、白熊《はぐま》（ヤクの白い毛）か赤熊《しゃぐま》（赤く染めたヤクの毛）の兜蓑《かぶとみの》（兜の鉢を覆うもの）を被せた兜を被っている。兜蓑や腰蓑《こしみの》（兜の𩊱《しころ》を覆うもの）には、装飾や威嚇、防暑や防雨の効果があった。とくにヤクの毛で作られた兜蓑を唐頭《からのかしら》とよんでいる。

これが想像で描かれた諏訪法性の兜である。ちなみに守屋正彦氏は江戸期の信玄像の兜が毛で覆われていることから、「この形式の兜は「諏訪法性兜」とも呼称されていたようである」（三六二頁）としたうえで、「「諏訪法性兜」の名称は当時はなく、『本朝二十四孝』の流行とともに演劇用に使用された観《（ママ）》がある」とされている（三八四頁註(1)）。

だが、前述のように「諏訪法性兜」の名称が当時のもので、兜の前立に由来することは

『甲陽軍艦《こうようぐんかん》』で明らかである。近松半二《ちかまつはんじ》（一七二五―八三）らが合作し、明和三年（一七六六）に初演された人形浄瑠璃《にんぎょうじょうるり》「本朝二十四孝」に登場する「諏訪法性兜」の名称は、先行文献を利用したものにすぎない。

また、「本朝二十四孝」に登場するのと同様の兜蓑をつけた兜は、鳥居清信《とりいきよのぶ》（一六六四―一七二九）筆の武田二十四将図や、十七世紀初頭に活躍した懐月堂安度《かいげつどうあんど》筆の信玄画像、紀州藩の越後流軍学者、宇佐美定祐《うさみさだゆき》の『北越軍記《ほくえつぐんき》』をもとにして江戸前期に描かれた和歌山

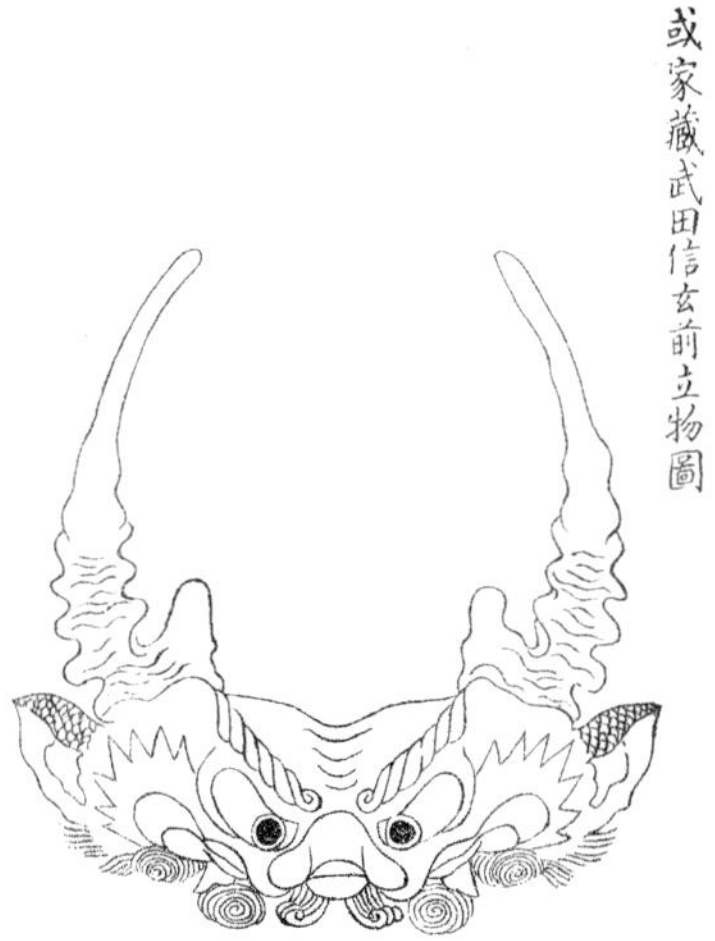


図6　獅子噛の前立

獅子噛の前立（しがみのまえだて）には信玄所用の伝来があり，『集古十種』をもとに，模造や偽作がさかんに行われたが，実物は所在不明である

（『集古十種』より）

県立博物館蔵の『川中島合戦図屏風』など、「本朝二十四孝」に先行する絵画に多数描かれている。諏訪法性の兜が「『本朝二十四孝』の流行とともに演劇用に使用された」というのはあたらない。

なお、歌川国芳《うたがわくによし》、橋本貞秀《はしもとさだひで》、歌川芳虎《うたがわよしとら》、歌川虎艶《とらつや》、歌川虎藤《とらふじ》、歌川芳綱《よしつな》、歌川芳員《よしかず》、歌川国輝《くにてる》、豊原国周《とよはらくにちか》、月岡芳年《つきおかよしとし》、落合芳幾《おちあいよしいく》など幕末から明治期の浮世絵師が描いた武者絵《むしゃえ》の信玄は、たいてい、白熊の兜蓑に獅子噛《しがみ》（角のある獅子面）の前立をつけた兜をかぶる。これは『集古十種《しゅうこじっしゅ》』の甲冑部に「武田信玄前立物図　或家蔵」と題して掲載された獅子噛の前立（図6）が有名になったためで、『集古十種』の影響力がうかがわれるが、このため諏訪法性という名称の由来がますます曖昧《あいまい》になってしまった。

# 画像は訴える

# 描かれていた手がかり

## 最初の像主非信玄説

「成慶院《じょうけいいん》本の像主は本当に武田信玄《たけだしんげん》なのか」と疑わせる史料は、いくつもある。「御什物の覚《おんじゅうもつおぼえ》」もその一つだが、実は画像自体に、信玄であることを疑わせる事実がある。

このことを最初に指摘されたのは、紋章学の大家、沼田頼輔《ぬまたらいすけ》氏（一八六七―一九三四）であろう。明治三十三年（一九〇〇）、氏は「高野山成慶院所蔵信玄の寿像に就きて」（『考古』一編七号、一九〇〇年十一月）で、画像観察から、像主を信玄とすることへの疑問を、

一、若《も》し果《はた》して信玄の寿像《じゅぞう》なりとすれば、其《その》画者の信廉《のぶかど》の手に成らざるべからず、然《しか》るに其《そ》の落款《らっかん》を見るに信春《のぶはる》（原注・春日か）の文字あること、

一、若し果して信玄の寿像なりとすれば、武田氏慣用の紋所を用ゆべきものならんに、此《こ》の画像の紋所は一種異様の紋様なること、

一、若し果して信玄の寿像なりとすれば、宜《よろ》しく坊主頭なるべきに、却《かえ》りて有髪《うはつ》なること、

と三つもあげられた上で、「高野山成慶院所蔵の信玄の寿像は、恐らくは其の所伝を誤りしものにして」と結論されている。ちなみに、成慶院本を信廉筆と明記しているのは、前述の『紀伊国名所図会《きいのくにめいしょずえ》』（前掲二七頁図3）である。『紀伊国名所図会』には「武田信玄冑《かぶと》」の図とともに、「同肖像」として成慶院本および落款の図が掲載され、つぎの注記がある。

武田逍遙軒信綱《しょうようけんのぶつな》の筆といふ、當院の什物《じゅうもつ》たる事、万宝全書《ばんぽうぜんしょ》にも粗《ほぼ》みえたり、印文《いんもん》に信春とあるは、信綱の一名にや、

文中の『万宝全書』は、元禄《げんろく》六年（一六九三）の跋文《ばつぶん》（後書きのこと）のある美術書で、享保三年（一七一八）版を初見として、たびたび刊行されている。その三「本朝画印伝《ほんちょうがいんでん》」下「雑伝」四四〇の武田逍遙軒の項は、前掲『本朝画史』と同文で、逍遙軒が紹介されている。『紀伊国名所図会』により、江戸後期に成慶院本が逍遙軒筆とされていたらしいことがわかる。

## 信春の落款と素襖の紋と髷

沼田氏の疑問を便宜上、①②③と呼ぶ。

① 画像が武田信廉筆と伝えるのに、落款に信春とある矛盾を指摘したもの。氏は落款の信春を春日信春《かすがのぶはる》とする。この信春は『本朝画史』巻三に、南都《なんと》の住人で春日絵所《かすがえどころ》として仏画を描き、水墨画もよくしたとある。

② 像主の素襖《すおう》に、武田家の家紋の花菱紋《はなびしもん》ではない「一種異様の紋様」が描かれていることを指摘したもの。なるほど、この素襖には、飾り結びにした紐のようなものが白く描かれているが、衣服に描かれたものを、すべて像主の家紋と考えるのは適当でない。当時の衣服には、さまざまな文様が紋章のように配されることがあるからである。これらを俗に伊達紋《だてもん》とよぶ。直垂《ひたたれ》よりも日常的で格式張らない素襖には、着まわしに便利であることも手伝って、伊達紋が多用されている。成慶院本のそれも伊達紋であろう。

③ 信玄の寿像ならば髷がないはずなのに、それが描かれているという指摘である（その詳細は後述する）。

沼田氏はその論文中で、自身は成慶院本を実見していないことを明記している。それにもかかわらず、氏が具体的な疑問を提示することができたのはなぜか。『集古十種《しゅうこじっしゅ》』の付図には「武田《たけだ》　源晴信像《みなもとのはるのぶぞう》　高野山成慶院蔵」とあるだけで、落款などに関する注記がない。付図自体も、容貌や太刀《たち》などの描写はなかなか入念だが、衣服の模様はほとんど省略されており、とくに髷を描いていない（描き忘れた？）ことが注目される。また、落款の模写もない。このような『集古十種』からでは、沼田氏のような疑問は起こりようがない。

これに対し、『紀伊国名所図会』の付図は、『集古十種』のそれに比べて描写が劣るところもあるが、衣服の模様を多少描いており、髷も描いている。注記には、逍遙軒筆としたうえで、落款の信春との矛盾にもふれている。沼田氏の疑問が『紀伊国名所図会』から発生したことは間違いない。

いま一つ、沼田氏が『紀伊国名所図会』に依拠し、『集古十種』を見過ごしたと思われる理由がある。『集古十種』の付図には、素襖の伊達紋とは別なところに紋章が描かれているのに対し、『紀伊国名所図会』は、それが不明瞭なことである。氏がこれにふれていないのは、同書に依拠したためであろう。沼田氏の像主に対する疑問は、その大半が『紀伊国名所図会』に依拠した氏自身の誤解や錯覚による。それでも、像主を信玄ではないとする結論は正しいと思うし、明治三十三年（一九〇〇）の時点で、通説に対し疑問を提示したことは評価すべきだろう。

# 二引両紋の解釈

## 笄とは何か

『集古十種《しゅうこじっしゅ》』の付図の、素襖《すおう》の伊達紋《だてもん》とは別な紋章に、私が気づいたのは、山根有三編『世界美術全集八　日本(八)　桃山』(角川書店、一九六五年)掲載の成慶院本のモノクロ写真に写っていたためだが、実物を模写した絵師などは気づいたはずである。実際、安政《あんせい》四年(一八五七)の蜷川次胤《にながわつぐたね》による東京国立博物館蔵の模本など、成慶院《じょうけいいん》本の入念な模本には明瞭に描かれている。その素襖の伊達紋とは異なる紋章とは、像主の腰刀《こしがたな》につけた笄《こうがい》の、丸に二引両紋《ふたつひきりょうもん》である(後掲四四頁図7)。

笄は髪を掻《か》いたり、撫《な》でつけたりするのに用いる化粧道具で、髪掻《かみか》きがなまってできた呼称である。笄は中世の成人男性(僧侶などを除く)の必需品であった。当時の成人男子には、髷《まげ》を結った上から烏帽子《えぼし》などを被《かぶ》る習慣があり、人前で頭を剃き出しにすること（露頂《ろちょう》という）を忌み嫌った。そうなると、人前で頭がかゆくなっても、烏帽子を脱いで頭を掻きむしるなどということはできない。そこで、成人男性のあいだに、細い棒状や箆《へら》状の道具を烏帽子の裾から差し込んだりして、髷を崩さずに頭を掻くための笄が普及した。

## 鞘につけて持ち歩く

ところで、細長い笄は携行には不向きである。当時はポケットなどという便利なものはないし、懐中すれば着衣を突き破るおそれがある。そこで、打刀《うちがたな》や腰刀の鞘《さや》にポケット状の孔《あな》を作り、これに差し込んで携行する習慣ができた。帯刀《たいとう》が制限された江戸時代と違い、中世には腰刀が相当に普及していたから、鞘のポケットもまた広く普及した。この鞘のポケットを、笄の容器という意味で笄櫃《こうがいびつ》という。

ちなみに、鞘には小型のナイフを差し込むこともある。このナイフは、小さな柄《つか》をつけた小刀の意味で小柄《こづか》の小刀《こがたな》というが、通常は、柄を含むナイフ全体も、柄だけでも、さらには刃だけでも小柄とよんでいる。小柄を差し込む鞘のポケットを小柄櫃《こづかびつ》とよぶ。小柄を手裏剣《しゅりけん》と誤解するかたがおられるが、小柄はバランスの関係で、投擲《とうてき》には不向きである。小柄一本の鞘に、笄と小柄を差し込む場合には、鞘の外側に笄、内側に小柄を差す。鎌倉期の

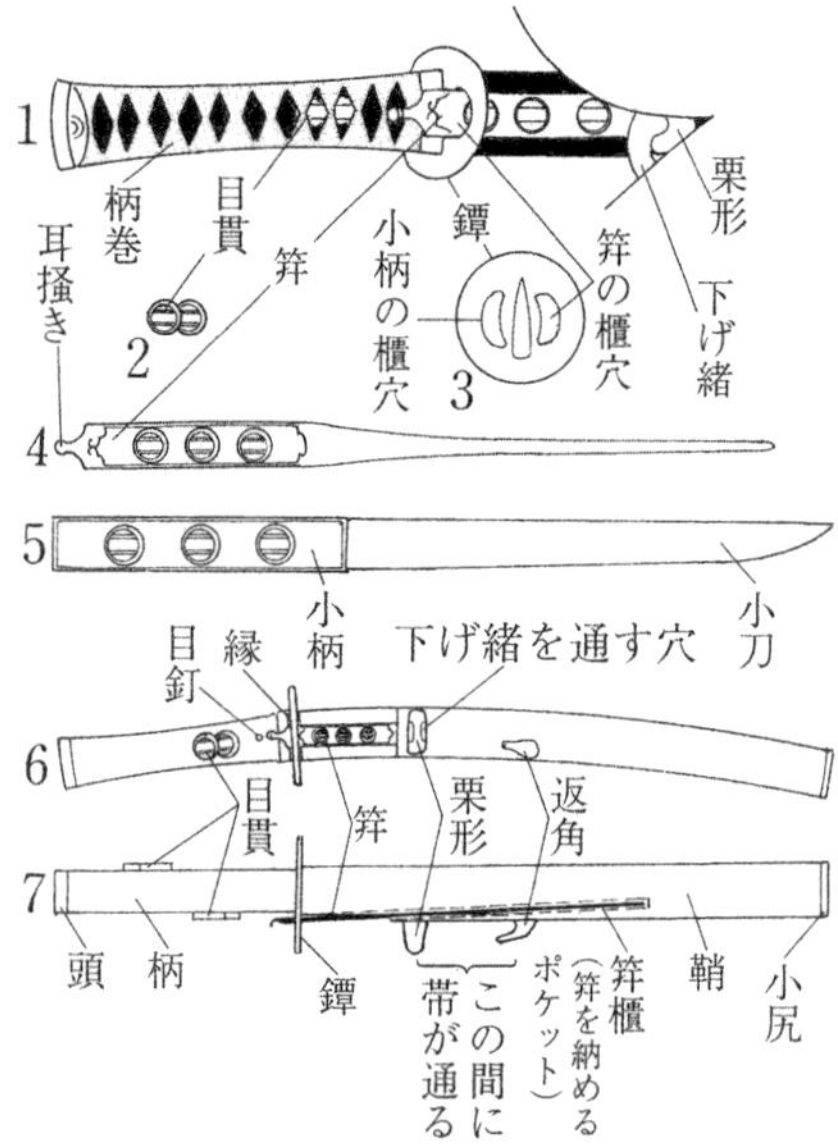


図7　成慶院本の腰刀の図

1　腰刀の模写
2　目貫（めぬき）
3　鐔（つば）
4　笄（こうがい）の推定復元図
5　小柄（こづか）の推定復元図
6　腰刀全体の推定復元図
7　腰刀を上から見たところ

成慶院本の腰刀に小柄がついていたかどうかは不明だが，解説の都合上，3の鐔にも小柄と笄の櫃孔を描いてみた．6・7では，目貫の位置を明示するため，柄巻は省略した．各図の縮尺は不定で，とくに7は笄のつけかたを明示するため，鞘（さや）と柄（つか）の幅を広く描いてある

『蒙古襲来絵詞《もうこしゅうらいえことば》』（宮内庁三の丸尚蔵館蔵）には、鞘に笄または小柄を差し込んださまが見える。

室町期の定型化した笄は、長さ二〇センチぐらいの、銅の合金の薄く細長い箆である。先端は細くなって櫃《ひつ》に納まる。手元は指で摘まみやすいように幅広くなり、櫃からはみ出している。この幅広い部分に、さまざまな図様を彫り込み、滑り止めを兼ねた装飾としている。幅広い部分を掘りくぼめ、そのなかに図様が盛り上がるように彫るものが多い。幅広い部分のさらに端は、細くしぼられ、耳掻《みみか》き状になっている。実際に耳掻きとして使えるものもあるが、形骸化しているものもある。鞘から笄を抜き出すには、左手の親指で笄を押し出すようにしながら、右手の指で耳掻きの部分をつまんで引き抜く。

ところで、笄を櫃に差すと、笄の耳掻きの部分は、鐔《つば》の位置にまで来てしまう。鐔のない合口《あいくちごしら》拵えならばよいのだが、鐔のある腰刀（小サ刀《ちいさがたな》ともいう）や打刀では、笄と鐔がぶつかってしまう。そこで鐔に孔を開けて、笄の耳掻きの部分がそこから出るようにしている。この鐔に開けた孔を櫃孔《ひつあな》という。櫃孔には笄用のものと、小柄用のものとがある。鐔の遺品には、両方あるもの、一方だけのもの、まったくないものがあり、また、櫃孔を別の金属で塞いだものもある。なお、笄や小柄を差すのは腰刀か打刀にかぎられており、太刀には差さない。

## 成慶院本の笄

笄には部分的に薄い金の板を被《かぶ》せたり、金を象嵌《ぞうがん》したりするものが少なくないが、成慶院本のそれは、全体が金色をしているから、実物は高価な純金製と思われる。その先端は、櫃に納まっており、手元の耳掻きのほうは、鐔にあけた櫃孔から突き出している。成慶院本の笄には、丸に二引両紋が三つ並べて描かれている。二引両紋というのは、二本の平行線を紋章にしたもので、たいていは横の二本線である（前掲九頁図1）。二本線を縦にしたものは、縦二引両紋と呼ぶ。なお、二引両紋を何かに描く場合、二本線ではメリハリがないので、たいていは丸で囲む。これが丸に二引両紋である。

## 目貫の紋章

成慶院本には、他にも丸に二引両紋が描かれている。一つは腰刀の目貫《めぬき》である（図7）。目貫とは何かを説明するために、日本刀の構造を述べておこう。日本刀の鉄製の刀身《とうしん》は、刃のつく部分と、刃をつけぬ手元の部分（茎《なかご》という）に分けられる。茎は幅を細く作って孔を開けておく。この茎を、木を二枚合わせた柄《つか》に挟み込むのだが、これだけでは、使用中に刀身が柄から抜けてしまう。そのため、茎の孔の位置にあわせて、柄にも孔を開け、これを目釘《めくぎ》という細い棒を刺し通して（目を貫《ぬ》く）、柄と刀身を固定する。

目釘の古い遺品は金属製で、その釘頭を装飾的に作る。これが古式の目貫（目釘）である。のちには、柄と刀身を固定する実用品としての釘の部分（多くが竹製）と、釘頭の装飾的な部分とが分離したため、前者を目釘、後者を目貫（厳密には飾《かざ》り目貫《めぬき》）と分けてよぶようになる。目貫は、柄を握る際の滑り止めや手溜《てだ》まりとしての役割をはたす実用品でもあるが、もっとも目立つ場所にあるだけに、製作者も使用者も、この小さな金物に意匠を凝らした。

成慶院本の腰刀の目貫は丸に二引両紋を二つ並べたもので、これを柄巻《つかまき》（柄に巻く紐《ひも》）の下に巻き込んでいる。だから、目貫の丸に二引両紋は、笄ほどは明瞭ではない。これも金色なので、実物は純金製かもしれない。『集古十種《しゅうこじっしゅ》』では柄巻のあいだから覗く、二引両紋の二本の線だけが明瞭に模写されているので、長い横棒状の目貫のように見える。像主の傍《かたわ》らの太刀にも、丸に二引両紋を三つ並べた目貫がつくが、こちらはより不明瞭である。なお、笄の丸に二引両紋は、小さく描かれたためか、輪郭線が一重だが、目貫のそれは二重になっている。実物は縁取りを丸くとり、その内側を彫りくぼめて、そこに二引両紋を浮きだすように彫り上げたものだろう。

## 将軍賜与の紋章か

成慶院本の刀剣の、丸に二引両紋について、東京国立博物館の竹内尚次氏は「武田氏をめぐる肖像画群（中）」（『ミュージアム』一六四号、一九六四年十一月）のなかで、「打刀に将軍足利氏の家紋二引両（変型文㊀）があって注目される」と書いている。二引両紋の存在を文章で指摘されたのは、竹内氏が最初かもしれない。

成慶院本に花菱紋がなく二引両紋がある以上、像主は信玄なのかと誰かが疑ってもよさそうなものだが、二引両紋の存在が広く知られてからも、像主信玄説はゆるがなかった。足利将軍家が桐紋とともに二引両紋を使っていたからで、「刀剣を将軍家が賜与《しよ》したものと考えれば、信玄の画像に二引両紋があってもおかしくない」というのが像主信玄説の主張者の言い分である。前述の竹内氏が「打刀に将軍足利氏の家紋二引両」云々とされているから、二引両紋は最初から将軍家に結びつけられたわけで、この解釈には賛同者が多い。たとえば宮島新一氏は、腰刀を将軍家賜与とされているし（詳細は後述）、守屋正彦氏もまた沼田頼輔氏の著書『日本紋章学』（一九二六年。新人物往来社より一九七九年復刻）を引用しつつ、つぎのように述べられている。

この足利氏に代表される家紋である二引両については前出の沼田頼輔氏が『日本紋章学』のなかで「このように二引両の紋は、将軍家から、武功の士に賜与されたものであるから、後世の勲章のように重んぜられ、これを受けることは、当時、たいへんな光栄とされたので、足利氏の諸将は、多くこの二引両を複紋として用いたが、後世になると、ついには二引両を潜用して、家紋とするにいたったようである。」と述べている。(中略)この説明の限りにおいては武田信玄が小刀の二引両紋を佩刀しても何ら不思議はないのである。

さらに松嶋雅人氏も「空海《くうかい》と高野山《こうやさん》」の展覧会の解説で「小刀にみられる武田家のものでない二引両の紋は、足利将軍家から賜与されたものと解される」とされている。

**将軍家賜与にあらず**

像主信玄説の主張者は、成慶院本の二引両紋(の刀剣)を足利将軍家賜与とされるが、その可能性はゼロに近いと思う。その理由は、私がはじめて二引両紋を指摘した「謎の戦国武将画像」(『別冊歴史読本』一九八三年四月)に、つぎのように明記している。

二引両紋は足利家の家紋であるから、像主を信玄とした場合、将軍からの拝領品を用いた姿と、一応は考えられよう。信玄と足利将軍家、特に義昭との間には、織田信長への対策をめぐって、親密な交渉があったからである。

けれども、将軍家の拝領品には桐紋がつくのが普通で、二引両紋は異例といえる。また画像中に描かれる品は、像主の愛用品の可能性が高いから、これでは信玄が拝領品を愛用したことになってしまう。甲斐源氏《かいげんじ》の棟梁《とうりょう》たる彼が、他家の紋のついた品々を愛用するものであろうか。さらに、それが画像にまで描かれるものであろうか。

くだんの二引両紋は、太刀と腰刀の両方に描かれているのである。ことに腰刀は、像主の身体の中央の、最も目立つ場所に位置しており、紋は金地に黒で非常に鮮明である。やはり、これは像主の家紋を示していると考えざるを得ない。

私としては、この説明だけで〝勝負あった！〟と言いたいところだが、将軍家賜与という解釈は二十年たっても一向に鎮まらない。そこで将軍家賜与という解釈のどこが不都合なのか、あらためて述べることにしよう。

## 使われなかった二引両紋

前述のように、足利将軍家の家紋は、二引両紋（丸に二引両紋）と桐紋である（前掲九頁図1）。二引両紋は足利家の本来の家紋だが、桐紋については、永正《えいしょう》八年（一五一一）の年紀のある武家故実書《ぶけこじつしょ》『家中竹馬記《かちゅうちくばき》』（『群書類聚《ぐんしょるいじゅう》』武家部十九）に「菊と桐とは、内裏様《だいりさま》の御紋なり、等持院《とうじいん》殿の御時、桐の御紋をば、御拝領あり」とある。すなわち等持院殿（尊氏《たかうじ》）が天皇（後醍醐天皇《ごだいごてんのう》か）から賜与されたもので、権威が圧倒的に高かった。したがって、将軍家自体が、本来の家紋である二引両紋よりも桐紋のある品々を多く使用している。すなわち、歴代将軍の画像に描かれた衣服や武具などの意匠はほとんど桐紋なのである（表1参照）。

一方、二引両紋は九代将軍足利義尚《あしかがよしひさ》の近江《おうみ》出陣を描いた画像（地蔵院《じぞういん》蔵。寺伝や『集古十種』では尊氏画像とされている。模本は長母寺《ちょうもじ》蔵。五二頁図8）の籠手《こて》の手甲《てこう》に見えるくらいである。しかもこの義尚像でも、直垂《ひたたれ》、脛当《すねあて》、馬具などの意匠は桐紋なのだ。当然、遺品も桐紋のついたものが圧倒的で、身分のある相手への賜与品にも、桐紋のついたものしか見あたらない。さらに、将軍家は紋章自体を功臣に賜与しているが、桐紋と二引両紋を賜与された者でも、実際に使用するのは桐紋が圧倒的だった。

表1　足利将軍家画像の桐紋使用状況

| 将軍名 | 形態〈（　）内は紋のある場所〉 | 所蔵者名 |
|---|---|---|
| 尊氏（初代） | 束帯像（袍・太刀） | 浄土寺 |
| 〃 | 甲冑像模本（甲冑・刀剣・直垂） | 神奈川県立博物館 |
| 義満（三代） | 法衣像（法衣） | 鹿苑院 |
| 義教（六代） | 直垂像（小袖・腰刀） | 妙興寺 |
| 義尚（九代） | 束帯像（袍） | 天竜寺 |
| 〃 | 小具足像（鎧直垂・脛当・馬具）<br>*籠手の手甲に丸に二引両紋 | 地蔵院 |
| 義晴（十二代） | 肩衣像（肩衣） | 京都市立芸術大学芸術資料館 |
| 義輝（十三代） | 直垂像（小袖・腰刀） | 国立歴史民俗博物館 |

図8　伝・足利尊氏像（模本　部分）
鎧直垂（よろいひたたれ）には堂々と桐紋が描かれる一方，籠手（こて）の手甲には，足利将軍家の画像には珍しく，丸に二引両紋が見える．なお，この画像の原本と思われるものが地蔵院に遺されている　　（名古屋市・長母寺蔵）

## 信長も賜与された

たとえば、足利義昭《あしかがよしあき》（一五三七—九七）は永禄《えいろく》十一年（一五六八）に織田信長《おだのぶなが》に擁されて上洛し、十月十八日に将軍に補任《ぶにん》され、二十二日に参内《さんだい》するが、その直後の二十四日付けで信長に宛てた書状（『信長公記《しんちょうこうき》』）につぎの一節がある。

今度の大忠に依り、紋桐・引両筋《ひきりょうすじ》遣わし候、武功之力受く可き祝儀也、

文中の「引両筋」は二引両紋のことで、桐紋とともに賜与されたことがわかる。これ以後、信長は所持品や衣服などに桐紋を家紋として公然と用いた。すなわち、有名な愛知県長興寺蔵（五四頁図9）や、永田恭教氏が「報恩寺本織田信長画像について」（『天下布武』十八号、二〇〇二年一〇月）で紹介されている京都市報恩寺蔵（五五頁図10。模本・東京国立博物館蔵）など、もっとも信頼できる信長画像の、小袖の地紋《じもん》や文様、肩衣《かたぎぬ》の紋所には桐紋が見えるが、二引両紋を用いた例は見あたらない。桐紋が優美なデザインとして多方面に利用できるのに対し、二引両紋は単純すぎて利用範囲が限定されることを考慮しても、桐紋の使用頻度は二引両紋に比べて圧倒的である。

もちろん、将軍家は二引両紋の品も所持していたのだから、何かの折りに、それを当座の引き出物として賜与したといったこともないとは言えないが、これは例外と言うべきで

図9　織田信長像

家臣だった与語正勝（よごまさかつ）が，信長の一周忌にあわせて作成したもの．容貌，風俗とも信頼できる信長像で，萌黄色の肩衣（もえぎいろのかたぎぬ）と袴（はかま），白地の小袖（こそで）と腰刀の笄（こうがい）に桐紋が描かれている．なお，信長は将軍足利義昭追放後も桐紋を使いつづけた．大徳寺蔵の信長像の肩衣には，桐紋の下に織田家の本来の家紋である木瓜紋（もっこうもん）を二つ並べた特異な紋が見える　　（愛知県・長興寺蔵）

図10　織田信長像（模本）

公家の近衛前久（このえさきひさ）が，信長の七回忌にあわせて作成した．図９の長興寺所蔵の信長像と同様，容貌，風俗とも信頼できる信長像で，萌黄色の肩衣（もえぎいろのかたぎぬ）と白地の小袖（こそで）に桐紋が描かれている．原本は京都市報恩寺に所蔵されている

（東京国立博物館所蔵）

ある。まして、信玄のような遠方の大名に、将軍家から賜与する太刀や腰刀の意匠は、桐紋が常識であり、二引両紋は考えがたい。

## 画像に家紋が描かれるわけ

さらに、画像に家紋が描かれることの効用という問題がある。一体、画像というものは今日の葬儀写真のように使われるもので、遺族はそれを礼拝供養するとともに、描かれた家紋で一族の絆を再確認するといった効用がある。したがって、像主の家紋以外のものが紋章として描かれることは考えにくい。もっとも将軍家のような目上の者から何かを賜与されることは名誉なことであるから、それが目下の誰かの画像に描かれる可能性はある。

たとえば、幕末の水戸《みと》藩主《はんしゅ》徳川斉昭《とくがわなりあき》（一八〇〇―六〇）の寵臣であった武田耕雲斎《たけだこううんさい》（一八〇三―六五）は武田氏の一族跡部《あとべ》氏《し》の出で、のちに旧姓に復して武田氏を名乗った人物だが、その画像（図11。茨城県立歴史館蔵）は松皮菱紋《まつかわびしもん》（前掲九頁図1）をつけた裃《かみしも》の下に、丸に三つ葉葵紋《あおいもん》の小袖《こそで》を着た姿で描かれている。松皮菱紋は跡部氏の家紋だが、丸に三つ葉葵紋は徳川家の家紋で、一般では使用を憚《はばか》られたものである。耕雲斎と斉昭の関係を考えれば、この小袖も斉昭に賜与されたと考えるのが妥当であろう。

また、三代将軍徳川家光《とくがわいえみつ》の三男で甲府《こうふ》藩主《はんしゅ》の徳川綱重《とくがわつなしげ》（一六四四―七八）の家臣、根津《ねづ》宇右衛門《うえもん》を天保《てんぽう》六年（一八三五）に椿椿山《つばきちんざん》（一八〇一―五四）が描いた画像（東京国立博物館蔵）は、矢筈十字紋《やはずじゅうじもん》の小袖に、丸に三つ葉葵紋の裃を着た姿で描かれている。宇右衛門は綱重の大酒癖を戒めた忠臣として知られる。この裃も綱重からの賜与品であろう。藩士が藩主の家紋のついた品を賜与されるのは名誉なことであるから、賜与された側はめったに着用しなかったと思う。したがって賜与の品を着用した姿で描かれることは、晴れ姿であるとともに、主従の関係の親密さや忠勤の度合いを誇示することにもなる。

図11　武田耕雲斎像

耕雲斎（こううんさい）は水戸徳川家の家臣．天狗党の首領として斬首された．裃（かみしも）には，家紋の松皮菱紋（まつかわびしもん），小袖（こそで）には徳川家の丸に三つ葉葵紋が見える

（茨城県立歴史館蔵）

ところが、これはあくまでも徳川斉昭と武田耕雲斎、徳川綱重と根津宇右衛門の身分関係の圧倒的な格差から起きた現象であり、それを足利将軍家と信玄の関係にあてはめることはできない。なるほど信玄は甲斐の守護大名《しゅごだいみょう》として、京都にいた武家の棟梁の将軍足利義輝《あしかがよしてる》（一五三六—六五）との関係を保っているし、義輝の殺害と信長の台頭以後は、最後の将軍義昭を擁して、自己の勢力拡張に努めている。したがって、信玄が将軍家から何かを賜与されても不思議はないが、それが画像に描かれる可能性は低い。

## 甲斐源氏の総領のプライド

そもそも信玄は、平安時代の武将で八幡太郎《はちまんたろう》源《みなもとの》義家《よしいえ》（一〇三九—一一〇六）の弟であった新羅三郎義光《しんらさぶろうよしみつ》（一〇四五—一一二七）を祖として四百数十年続いた甲斐源氏の総領である。一方、足利氏は源義家の孫の義康《よしやす》を祖としてはいるが、南北朝期の騒乱に乗じ、武田氏のような大名の支援を受けて将軍になった家である。しかも信玄の時代には、実力と権威が衰退していた。ドライでプライドが高い信玄は、内心では足利将軍家について、自己の立場の正当性や勢力の拡張に利用できるという価値以上のものは認めなかったであろう。

新羅三郎義光以来の系譜を誇る武田家の総領である信玄が、たとえ足利将軍家賜与とはいえ、他家の私的な紋章がついた品々のみを描かせるだろうか。成慶院本は信玄の寿像とされているから、彼がその気になれば、将軍家賜与の刀剣とともに、自身の家紋をつけた衣服を着て描かせることもできたはずである。実際、一介の藩士にすぎない武田耕雲斎や根津宇右衛門でさえ、藩主賜与とおぼしい衣服とともに、自家の家紋のついた衣服を着た姿で描かれている。もし成慶院本の像主を信玄とするならば、なぜ、成慶院本には信玄の家紋がまったく描かれなかったのか。

丸に二引両紋の刀剣は将軍家から賜与された名誉の品々ゆえ画像に描かせたのならば、信玄自身も伊達紋《だてもん》の素襖《すおう》ではなく、家紋の花菱紋の直垂に烏帽子という改まった姿で、敬意を払うべきだろう。将軍家の丸に二引両紋は描かせたが、自身の花菱紋は遠慮したというのならば、それは、武田家の総領としての信玄の矜持《きょうじ》を理解しない発想である。

## 浅井久政像の〝櫂？〟紋

腰刀の目貫や笄に家紋を描いた画像は多い。そうしたものが広く使用されていたためもあるが、腰刀が像主の中心のもっとも目立つ位置にあり、家紋を描くのに最適だったためでもある。このことからも、成慶院本の腰刀の丸に二引両紋は、像主の家紋と考えざるを得ないし、必然的に、像主は信玄ではないと考えざるを得なくなる。

このように、描かれた紋章は画像観察の重要な着眼点なのだが、一般にはあまり注目されていない。一例として、永禄《えいろく》十二年（一五六九）の玄中性洞《げんちゅうしょうどう》の賛がある、高野山持明《じみょう》院《いん》蔵の浅井久政《あざいひさまさ》画像（図12）をあげる。これは濃紺と浅黄色（水色）で洲浜《すはま》形に色分けした地に、襷《たすき》で区切った剣花菱文が地紋として全面に白色で施されている。

図12　浅井久政像

浅井久政（あざいひさまさ）が着る素襖(すおう)の違い畳扇紋は，しばしば違い櫂紋（図13）と誤解される(持明院蔵，高野山霊宝館写真提供)

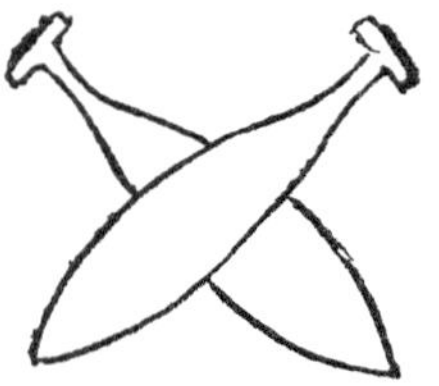

図13　違い櫂紋

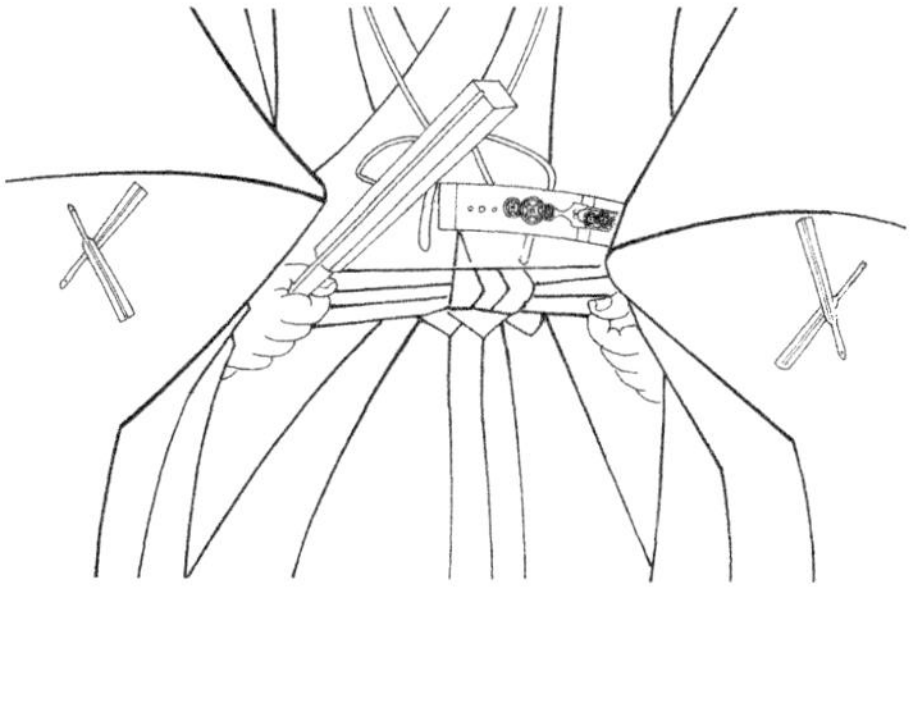

図14　浅井久政像の解説図
全体図（上）
腰部拡大図（下）

像主の浅井久政の着る素襖は、濃紺（図では灰色）と浅黄色（図では白色）とで州浜状に色分けされた上から、襷格子（たすきごうし）に剣花菱紋を隙間なく描く（図では省略）
腰刀の目貫（めぬき）と笄（こうがい）に、浅井家の丸に井桁紋がある。素襖の紋は櫂紋との説があるが、右手に持つ畳扇と比較すれば、違い畳扇紋であることが明らかである浅井家の家紋としては、三亀甲紋《みつきつこうもん》（三盛亀甲紋《みつもりきつこうもん》）が有名で、久政の子の長政《ながまさ》（一五四五―七三）の画像（持明院蔵）に描かれた素襖の紋所、および腰刀の目貫と笄に見えるが、別に剣花菱紋《けんはなびしもん》も家紋にしている。久政の素襖は、これを地文に用いたのだろう。一方、通常の紋所の位置には、畳《たた》んだ扇を交差させた違《ちが》い畳扇紋《たたみおうぎもん》が白く描かれているが、これは家紋ではない。家紋の剣花菱紋は素襖の地文に用いたから、紋所には伊達紋を用いたと思われる。扇は吉祥文《きつしようもん》でもある。

ところで、一般にこの違い畳扇紋は、船の櫂を交差させた違い櫂紋（図13）と誤解されている。海を表現したような素襖の色と、洲浜形の色分けから、櫂を連想したと思うが、これが畳扇であることは、全体のアウトライン（脇の線が櫂は曲線、畳扇は直線で端が角張る）や、親骨《おやぼね》や要《かなめ》が描かれていることなどでわかる。不審なかたは、この紋を像主の持つ畳扇と見比べていただきたい。浅井氏の家紋は、他に丸に井桁《いげた》（井文字）紋がある。久政像の腰刀の目貫と笄には、丸に井桁紋が明瞭に描かれているのだが、注目されていない。

また、久政の着衣を直垂とよぶかたがいるが、これは素襖である。素襖と直垂は基本的形状は同じだが、室町期の素襖は材質が布（麻などの植物繊維で作ったもの）で、胸紐と菊綴（縫い合わせ目の補強材）が韋、袴の腰紐が袴と同じ材質である。一方、直垂は材質が絹で、胸紐と菊綴が組紐、袴の腰紐が白絹である。図12の久政像の袴の腰紐が白色でないことを見ただけで、素襖であると判断できる。

直垂よりも日常的な素襖には、改まった家紋よりもくつろいだ伊達紋のほうが向いているし、着回しにも便利だから、より広汎に用いられたようだ。成慶院本の素襖に、白い結び緒の文様が紋章のように描かれているのも、像主の家紋ではなく伊達紋と思われる。

## 束帯の武家画像の隆盛

中世も末期（十六世紀後期）になると、直垂、素襖、肩衣などに加え、朝服《ちょうふく》（朝廷内での着用を規定された服）である束帯《そくたい》や衣冠《いかん》の武家画像も盛んに描かれるようになる。これについて守屋氏は「中世の位階遵守の原則が破れ、不遜なまでの服飾におけるルール無視が行われた」（六二頁）としたうえで、長宗我《ちょうそか》部元親《べもとちか》の束帯像（秦神社《はたじんじゃ》蔵）など武家の束帯（衣冠も含む）画像を十八例あげられた。ところが、元親は従五位《じゅごい》、侍従《じじゅう》に叙任され、死後正五位《しょうごい》を贈られている。このように守屋氏のあげた例は、いずれも有位の武家で、朝廷が束帯や衣冠の着用を認めた人々なのである。

中世末期から束帯や衣冠姿の武家画像が盛んに描かれだした主な理由は、織田信長、豊臣秀吉、徳川家康らが朝廷に働きかけて、献金その他のメリットと引き換えに、自身や一族、諸大名から陪臣たちにまで位階を与えさせたからである。こうして有位の武家が量産された結果、束帯や衣冠姿の武家画像が氾濫することになった。実際の出自が卑しい者でも、有位である以上、朝廷の一員として束帯姿は当然である。武家の束帯像は「位階遵守の原則」に則って描かれたものであり、「不遜なまでの服飾におけるルール無視」など見られない。

もっとも、これらの像主は束帯の袍《ほう》（上着）や平緒《ひらお》（太刀の緒）の意匠に、しばしば各自の家紋を用いたため、画像にも新奇なものが登場する。正二位で太政大臣だった徳川家康の束帯像（日光東照宮蔵）の袍に、家紋の丸に三つ葉葵紋の袍が描かれているのは、その一例である。ただし、足利将軍家の束帯像（前掲五一頁表1）には、袍に桐紋を描いたものがあるから、家紋を袍の意匠にする先例もあった。

そこで問題となるのが、束帯姿の最古の武家画像として有名な、平重盛蔵と源頼朝像（神護寺蔵）である。これらの画像について、先年、米倉迪夫《みちお》氏が像主を足利尊氏《たかうじ》と弟の直義《ただよし》とする説を発表された（二〇頁参照）。美術史家の多くはこの新説に否定的だが、私は賛成している。米倉氏の論拠に加え、像主の太刀に桐紋の金具を描いたらしい形跡があるからである。このことは拙稿「束帯画像覚書」（『歴史評論』六〇六号、二〇〇〇年一〇月）で指摘した。これが確認できれば、像主は直義と尊氏ということになるだろう。

# 坊主に髷あり

## 小さな髷と大いなる疑問

沼田頼輔氏は成慶院《じょうけいいん》本の像主を武田信玄《たけだしんげん》とすることへの疑問の一つとして、像主に髷《まげ》があることをあげられている。像主は一見すると坊主頭に見えるが、実は後頭部に小さな髷が描かれているのだ。この事実は信玄の経歴を考えれば無視できない。

信玄は甲斐守護《かいしゅご》の武田信虎《のぶとら》の嫡男として、大永《だいえい》元年（一五二一）に生まれた。初名を太郎という。天文《てんぶん》五年（一五三六）に十六歳で元服《げんぷく》し、晴信《はるのぶ》と名乗る。これは将軍足利義晴《あしかがよしはる》（一五一一―五〇）の晴の一字（偏諱《へんき》）を賜ったものだ。また、従五位下《じゅごいのげ》、大膳大夫《だいぜんのだいぶ》に任じられた。天文二十年（一五五一）には父信虎を追放し、武田家を掌握する。その後、出《しゅっ》家《け》して信玄と称し、また法性院《ほっしょういん》、徳栄軒《とくえいけん》と号した。元亀《げんき》四年（天正《てんしょう》元年、一五七三）に五十三歳で死去。官位は従四位下《じゅしいのげ》、大膳大夫。法名は恵林寺殿機山信玄公大居士《えりんじでんきざんしんげんこうだいこじ》である。

## 信玄出家の年次

そこで信玄が出家した年次について見てみよう。『甲陽軍鑑《こうようぐんかん》』品《ほん》四には、

天文廿辛亥《しんがい》年（一五五一）に武田信濃守《しなののかみ》大膳大夫晴信発心《ほっしん》なされ、法性院機山信玄公と申す、（中略）法躰《ほったい》と成り給う。院号は法性院、道号は機山、諱《いみな》は信玄、三十一歳の春薙染《ていせん》（髪を剃《そ》り墨染《すみぞ》めの法衣を着ること）にて法性院機山信玄と成り給う。

とある。ここに天文二十年（一五五一）に三十一歳で出家したというが、実際に信玄の文書の署名が晴信から信玄にかわるのは、永禄《えいろく》二年（一五五九）五月吉日付けの文書（松原神社文書）が初見である。彼が三十九歳の時で、この年に出家したとされる。

『甲陽軍鑑』は、出家の理由の一つとして、

豊《とよ》の卦《け》に日中の後みちかけあるということばこれなり。人間は六十定命なれば、日中の後は後の三十がひる以後ならんと仰せられ、みちかけにはかしらをそりてみちかけとの事也。

と記す。つまり、人生六十年というが、自分は一日のうちの正午までできた。これから先の

三十年は午後の「みちかけ」の時期に入る、とあるから、三十九歳の出家では具合が悪い。さらに「御父を追い出しなされ候間、信虎公へ礼儀と憶意《おくい》はきこえ候」として、天文十年（一五四一）に父信虎を追放したことを気にかけての出家だったとつけ加えているから、早いほど辻褄《つじつま》があう。『甲陽軍鑑』は出家の年次を早めにしたのだろう。

ところで成慶院本の像主には髷があった。これを信玄とすれば出家前、つまり三十九歳以前の姿ということになるが、印象ではもっと年配に見えるし、多くの研究者の印象も、五十三歳で死んだ信玄の、晩年の姿ということで一致している。つまり信玄の晩年の画像に髷があるというのはおかしなことなのである。

## 髷のある信玄像

これに注目した沼田氏は、前掲「高野山成慶院所蔵信玄の寿像に就きて」（『考古』一編七号）のなかで、

若《も》し果《はた》して信玄の寿像なりとすれば、宜《よろ》しく坊主頭なるべきに、却《かえ》りて有髪《うはつ》なること、と疑問点の一つにあげられ、結論として、

高野山成慶院所蔵の信玄の寿像は、恐らくは其の所伝を誤りしものにして、而《しか》して其の勝頼の寄進に係る信玄の寿像は、花菱の紋所ある同院所蔵のものなることは愈《いよいよ》疑いなかるべし。

と述べられている。ここに「花菱《はなびし》の紋所ある同院所蔵のもの」とあるのは、沼田氏が有職《ゆうそく》故実《こじつ》の大家で、かつて成慶院を調査されたことのある関保之助《せきやすのすけ》氏（一八六八―一九四五）に教示された画像のことである。前掲論文には成慶院蔵の画像について、

世に信玄の寿像と称ふるもの、外に、尚《なお》二幅の信玄の画像ありて、中一幅は其の紋所も武田氏用うる所の花菱なるのみならず、其作も亦《また》古雅にして此の時代を下らざるものと謂《い》はれにき、

とある。残念ながら、この画像の図様は述べられていない。ただし、古川躬行《ふるかわみゆき》が編纂し黒川真頼《かわまより》が増補して明治二十一年（一八八八）に刊行された『増補考古画譜《ぞうほこうこがふ》』七に、成慶院蔵で逍遙軒《しょうようけん》筆の信玄像として、

此の図、よろいを着て兜を着ず、かたハらに置けり、頭髪を露《あら》はせり、手に扇をもち床机《しょうぎ》にかゝれり、其の傍《かたわら》に法螺《ほら》あり、

と、図様が具体的に説明されているものが、それにあたると思われる。この図様の模本と思われるもので、成慶院の什物《じゆうもつ》と記された花菱紋のある甲冑像が、東京大学史料編纂所などにある。これには花菱紋が描かれているし、像主には髷がある。加藤秀幸氏は前掲「武家肖像画の真の像主確定への諸問題」上・下（『美術研究』三四五・三四六号）で、一九

七四年秋の東京大学史料編纂所による高野山探訪の際、この模本を持参して原本の発見を試みたが、見あたらなかったと述べられている。

## 髻を残した理由

像主に髻があることは、沼田氏だけでなく、誰もが気づいたろう。問題は、その解釈である。小倉秀實・池田晃淵両氏の著書『古今史譚』（春陽堂、一八九四年）の巻一の巻頭に、成慶院本の髻のある像主の模写が掲載されており、巻三に「信玄削髪のことは本書第一巻に掲げある信玄画像を観て、其跡形なき事なるを知るに足れり」とある（歴史家の鈴木眞哉氏の御教示による）。このように像主の髻については、「信玄は出家の後も有髻であった」との説が早くから行なわれてきた。たとえば郷土史家の上野晴朗氏が執筆した『原色武田遺宝集』（武田信玄公宝物保存会、一九七二年）の成慶院本の解説に、

注目されるのはその頭部で、剃髪《ていはつ》したものではなく、よく見ると後頭部に、細心の筆をもって髻が描いてある。これは永禄二年の出家得度《しゅっけとくど》が剃髪を形ばかりのものにとどめ、やはり西上の宿願を果すまでは、正式に落髪しなかったとする説を、裏書きしているようである（八四頁）

西上の宿願を果たすまでは、落髪しなかったというが、永禄二年（一五五九）といえば、

信玄が近隣を従えて、ようやく信濃守護《しなののしゅご》に任じられたところであり、二年後には上杉謙信《うえすぎけんしん》とのあいだで北信濃の支配権をめぐる川中島《かわなかじま》合戦が起きている。西上どころではなかったろう。また当時、出家はしたが宿願を果たすまでは剃髪を控えるといった例が、どれくらいあったものか。

他にも多くの研究者が成慶院本の髻を「信玄は出家の後も有髻であった」と解釈されてきた。松嶋雅人氏も「空海と高野山」の展覧会図録の解説で「戦国期の武将には、有髻の入道姿が多々みられる」と述べられているが、信玄がそうであった証拠はないし、出家した戦国武将に有髻の入道が少なくなかったという論拠もあげられていない。

一方、守屋正彦氏は通常の法体に対し、有髻の入道を半法体《はんほったい》とよび、その画像としてつぎの五例をあげている。

**半法体の入道たち**

①　結城政勝像　茨城県大雲寺蔵

政勝（一五〇四—五九）は法衣に袈裟《けさ》を着け、右手に仏具の警策《けいさく》を持つ。後頭部には髻が見える。天文二十一年（一五五二）の年紀とともに「自讃自筆自画自影有髪僧左衛門督政勝（花押）」と記されている。

②　朝倉敏景《あさくらとしかげ》（孝景）像。福井県心月寺蔵

敏景（一四二八―八一）は法衣に袈裟を着けた姿で、右手に扇、左手に数珠《じゅず》を持つ。後頭部には髷が見える。なお、像主を三代あとの孝景（一四九三―一五四八）とする説がある。

③朝倉義景《よしかげ》像　福井県心月寺蔵（七二頁図15）

義景（一五三三―七三）は法衣に袈裟を着けた姿で、右手に扇、左手に数珠を持つ。腰刀を差す。後頭部には髷が見える。

④温井孝宗《ぬくいたかむね》像　京都府東福寺栗棘庵《りっきょくあん》蔵

孝宗（?―一五三二）は烏帽子《えぼし》・素襖《すおう》姿で袈裟をかけ、右手に扇を持って腰刀《こしがたな》を差し、傍らに柄《つか》を下にした太刀《たち》をたてに描く。

⑤龍造寺隆信《りゅうぞうじたかのぶ》像　佐賀県宗龍寺

隆信（一五三九―八四）は烏帽子・素襖姿で袈裟をかけ、左手に扇を持つ。腰刀を差す。

いずれも代表的な半法体像だが、その数は守屋氏が同時にあげられた戦国期前後の法体像の二十二例、直垂《ひたたれ》などの俗体《ぞくたい》像一三二例に比べて少ない。単純計算でやっと全体の三パーセント、実際には武家画像全体の一パーセント未満であろう。このことからも、有髷の入道は、やはり例外

図15　朝倉義景像
出家を示す法衣（ほうい）と袈裟（けさ）の姿で，髷（まげ）を結って腰刀を差した半僧半俗の画像である
（福井市・心月寺蔵）

だったと思われる。

いま一つ、前記の五例で明らかなように、守屋氏は像主の袈裟の着用の有無をもって、半法体像（有髪の入道）の分類基準としている。ところが、成慶院本の像主は袈裟は着けていない。つまり純然たる俗体像なのである。したがって、像主を信玄＝半法体とすれば、なぜ袈裟を着けていないのか理解に苦しむ。また成慶院本を半法体像とすれば、あらゆる俗体像に、袈裟を着けぬ半法体像である可能性が生じる。守屋氏は、どのようにして俗体像と、袈裟を着けぬ半法体像の区別をつけられているのだろうか。

## 出家は剃髪が常識

宣教師ルイス・フロイスが一五七三年（元亀四年）四月二十日付けで宣教師フランシスコ・カブラルに宛てた書簡には、信玄について、「かれは剃髪して坊主となり、常に坊主の服と袈裟とを身につけたり」とある。宣教師側の記録には、仏教徒すなわち異教徒に対する偏見がある。この場合も、当時フロイスを優遇していた織田信長《おだのぶなが》の敵対者で、比叡山《ひえいざん》の側にいた信玄に批判的だが、たとえ宣教師の伝聞にせよ、同時代人が、信玄が剃髪したと書いた事実は見逃せない。さらに、これがフロイスの想像としても、出家だから剃髪するはずという常識がなければ、こうは書かなかったろう。

前述の『甲陽軍鑑』にも「三十一歳の春薙染《ていせん》にて」とか「みちかけにはかしらをそりてみちかけとの事也」などとあり、実際には剃髪しなかったとはいっていない。そうした事実があれば、特別なことを記録するのが好きな『甲陽軍鑑』は喜んで書いたであろう。

なお、近年、宮島氏が『武家の肖像』（日本の美術三八五、至文堂、一九九八年）で、像主信玄説の立場から、絵師が誤って法体の信玄に髷を描いてしまったと言われたが、これについてはのちに検討する。

結論として、私は、像主は髷を結っており、画像にもそれが描かれたと単純に解釈している。

# 甲冑像を読むために

## 絵画と実物の相似と差異

### 逍遥軒が描いた信玄

武田《たけだ》勝頼《かつより》が「信玄公寿像《じゅぞう》」を成慶院《じょうけいいん》に寄進したことは明らかである。成慶院本がそれに該当しないこともまた明らかである。では「信玄公寿像」はどのようなものであったのか。出羽武田家文書中の「御什物《おんじゅうもつ》の覚《おぼえ》」の、「一、信玄公御寿像　一輻（幅）　逍遥軒筆」が、それに該当しよう。

前述のように、その実物は見あたらないが、高野山《こうやさん》伝来で逍遥軒《しょうようけん》筆の信玄画像と記した江戸期の模本がいくつもある。甲冑《かっちゅう》姿で床几《しょうぎ》にかけた画像で、足元に法螺貝《ほらがい》（陣貝《じんがい》）が見える。一つは国友助太夫家《くにともすけだゆうけ》史料中のもので「信玄公像逍遥軒筆」「高野山成慶院什物」と注記がある（図16。この画像については、長浜城歴史博物館学芸員の太田浩司氏の御教

図16　武田信玄像（国友助太夫家史料）
高野山成慶院蔵の逍遙軒筆の信玄像と明記した写本の一例
（個人蔵，長浜城歴史博物館写真提供）

示と史料提供の御協力をえた）。

東京大学史料編纂所の近藤重蔵《こんどうじゅうぞう》関係資料中のものは、像主の頭部と兜のみの略図だが「信玄公寿像図、逍遙軒所画、蔵主高野山成慶院□、寛政癸丑《かんせいきちゅう》八月八日　近藤守重謹写之」と注記がある。寛政癸丑は寛政五年（一七九三）のことで、七年後の寛政十二年（一八〇〇）には、成慶院本を信玄像として掲載した『集古十種《しゅうこじっしゅ》』が刊行されている。東京大学史料編纂所には別に全身像の模本もあり、ほかにも類例は多い。つまり、江戸期にはこの甲冑像が成慶院蔵の逍遙軒筆の信玄寿像と認められていたのである。

### 浄真寺の精緻な画像

これらの信玄像はいずれも簡略な模本である。これに対し、図様が同じで比較的古くかつ精緻なのが、東京都世田谷区等々力の浄真寺蔵の画像（口絵と図17参照。以下、浄真寺本とよぶ）である。縦九二センチ、横四五センチ、紙本《しほん》著色《ちゃくしょく》の画像で画面の下半分に像主を描く。賛《さん》や落款《らっかん》はなく、信玄像との伝承もないが、実在感のある像主の容貌と具体性に富んだ風俗描写とから、単なる想像画ではなく、実在の人物を描いた画像と認められる。

浄真寺本の軸には「吉良之真像《きらのしんぞう》」とあり、箱書にも「吉良頼康像《きらよりやす》　一幅」との墨書がある。吉良頼康は戦国時代の武将で、吉良系図によれば川中島《かわなかじま》合戦のあった永禄《えいろく》四年（一五

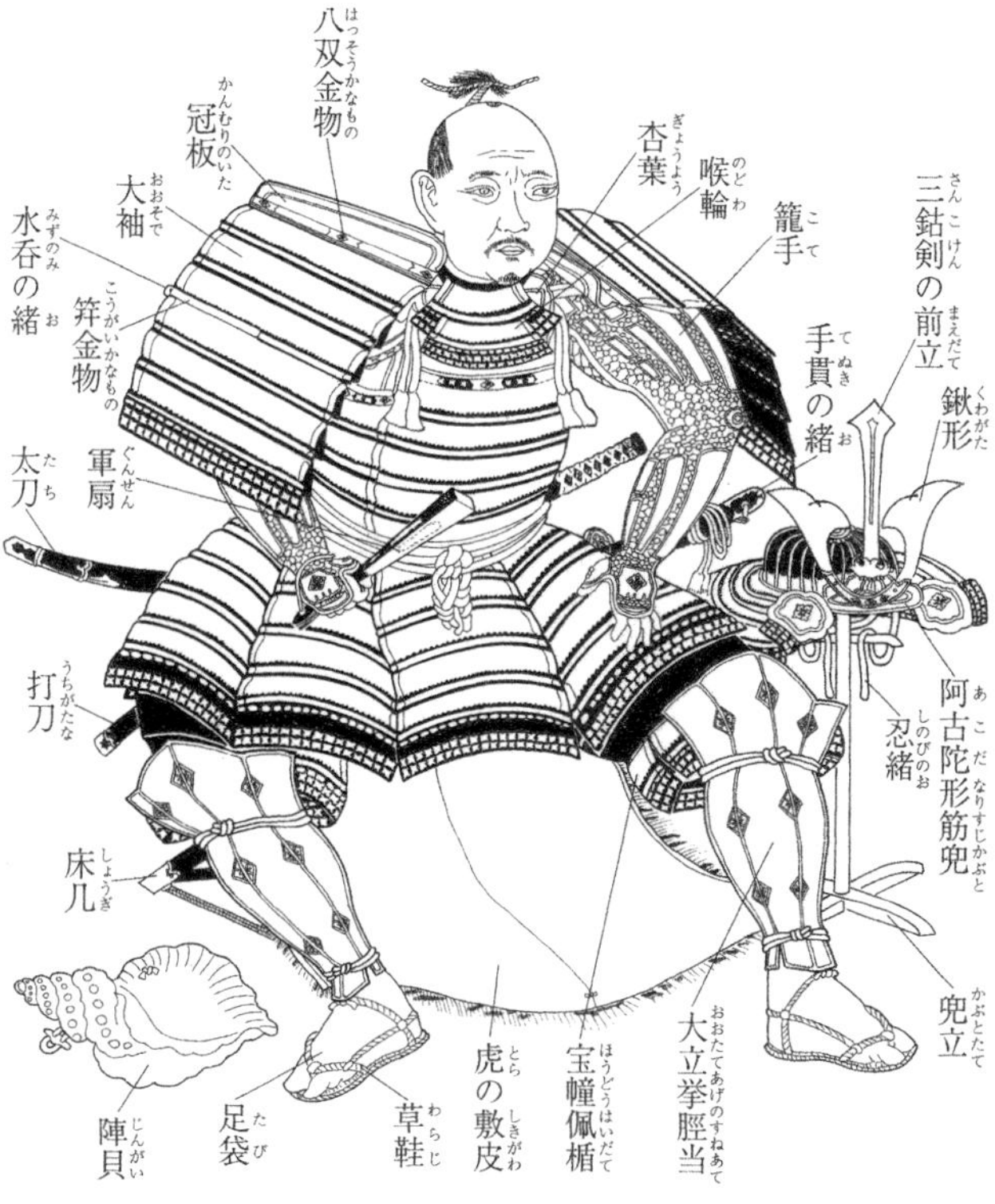


図17　伝・吉良頼康像（東京都世田谷区・浄真寺蔵）

六二）に没しているから、信玄と同時代人といえる。

浄真寺本について荻野三七彦氏は、その著書『吉良氏の研究』（名著出版、一九七五年）に口絵写真を掲載されたうえで、つぎのように述べられている。

その由来については、『江戸名所図会《えどめいしょずえ》』や『新編武蔵国風土記稿《しんぺんむさしのくにふどきこう》』などにも何の記載もなく、伝来のことは何一つわかっていない。（中略）その寺（浄真寺）の境内は吉良家の重臣大平出羽守の居館址と伝えているが、本寺は吉良氏とは直接の関係はない。したがって寺伝の信憑性も乏しく、一向にこの武人画像を吉良頼康であると決定する証拠は何一つない。

このように浄真寺本は、文献史料からも、来歴の点でも、像主を頼康と即断することはできない。したがって、その像主が信玄か否かを特定するには、描かれた風俗描写を分析したうえで、それが信玄にふさわしいか否かを判断することが必要になる。

## 少ない戦国甲冑の遺品

信玄は元服《げんぷく》から病没するまで三十七年間も戦ったから、着用した甲冑も複数あったろうし、自身では袖を通さず、寄進用や贈答用に作らせた甲冑もあったかもしれない。これら信玄ゆかりの甲冑の実物を、画像の甲冑と照らし合わせたいのだが、その実行はむずかしい。信玄所用を含めて、製作当初の状態のまま伝来した戦国時代の甲冑は皆無に近いからである。

鉄と革（韋）と組紐《くみひも》と布地と漆と銅合金など、さまざまな材料を用い、長期的にみれば耐久性の乏しいやりかたで組み立てられた甲冑が、過酷な条件で使用されたのだから、三百数十年の歳月を考えれば、制作当時の状態を保つことは奇跡に近い。もちろん寺社に奉納されたものは、保存の条件が比較的よいが、それもその後の情勢の変化、天災や人災をくぐれば、どうなるかわからない。まして武田家のように滅んだ家の品は散逸するのが常である。

信玄所用として確実なのは、前述の寒川神社《さむかわじんじゃ》の兜《かぶと》と戸沢家《とざわけ》の兜ぐらいだろう。あとは伝来のある甲冑のなかに、信玄と同時代の遺品が少々あるだけで、ほとんどが、時代の下った江戸期のものである。

## 画像と実物の相似

また、たとえ信玄所用の伝来のある甲冑で、浄真寺本に合致するものがあったとしても、それだけで浄真寺本を信玄像と断定するわけにはいかない。その甲冑と浄真寺本の両方ともが、後世のものということもあるからである。その実例をあげよう。

徳川家康《とくがわいえやす》の重臣に榊原康政《さかきばらやすまさ》（一五四八―一六〇八）がいる。その画像（図18）、および画

図18　榊原康政像

榊原康政（さかきばらやすまさ）は徳川家康の重臣だが，描かれている甲冑も，画像自体も康政時代のものではない　　（東京国立博物館蔵）

像に描かれたのと同様の甲冑が榊原家に伝来した（現、東京国立博物館蔵）。この甲冑は、江戸期の工芸品としては優れているが、康政在世時の形式ではない。それが康政所用とされているのは、康政画像に描かれた甲冑にそっくりだからである。ところが、この画像自体が江戸期の作なのである。しかもそれは江戸期のオリジナルであり、康政の在世時または没後すぐに描かれた原本を写したものとは考えられない。風俗描写が、それを示している。

たとえば、この画像の康政は、直垂《ひたたれ》の太い袖を右手のほうだけ、外から見えるようにしているが、これは平安・鎌倉期の風俗で、室町期には衰退している。また、足には貫《つらぬき》（乗馬に適した毛皮の短靴）を履いているが、これも室町期には衰退している。こういう古風な風俗は、康政が活躍した時期には行われていないが、時代が安定すると、威儀を高めるためか、絵画に盛んに描かれている。康政像もその一つであり、一種の想像画といえる。そうした康政像に描かれた甲冑にそっくりな甲冑があっても、それを康政所用とはいえないし、その甲冑を着た姿で描かれていても、それを康政の実像とすることもできない。

ただし、この「伝・康政所用」の甲冑は、胸板《むないた》や胴や草摺《くさずり》の裾に蒔絵《まきえ》があることなどから、康政が実際に着用した蒔絵胴の甲冑（桃山期に大流行した）が別にあり、その特徴を写して江戸期に作られたものだろう。それが康政像に描かれたのである。藩祖の甲冑を江戸期に写した例は、徳川将軍家をはじめ、本多家、黒田家、細川家など枚挙にいとまがないし、特徴が似ているために、時代判定を誤る例もまた少なくない。代の下った無名の藩主の甲冑が、有名な藩祖の甲冑に昇格?した例は実に多い。

# 武具と合戦の変貌

まず、武田信玄《たけだしんげん》在世当時の、信玄クラスの武将の武装を述べた上で、浄真寺本の武装と比較検討してみよう。それには中世の戦いの変遷を知る必要がある。

## 武装の下克上

平安期の武将は馬上で弓矢を射る技術を持つことを建前としており、戦いも騎射戦《きしゃせん》を中核として行われることが普通だった。甲冑もそれに適応する大鎧《おおよろい》が考案されるが、一般にはより安価で軽量である腹巻《はらまき》が用いられた。この流れは鎌倉期まで続くが、動員兵士の増加、市中や山岳での局地戦の増加、戦闘数の増加、戦闘時間の増加、槍の登場や大薙刀《おおなぎなた》や大太刀《おおたち》の普及などで、鎌倉後期には徒歩《かち》での斬撃戦闘《ざんげきせんとう》が盛んになり、武将も騎射一辺倒では通用しなくなる。

甲冑《かっちゅう》は徒歩、長時間の使用、敵との白兵戦《はくへいせん》に備えて、より小型化、軽量化しはじめた。大鎧は一部が極端に高級化・儀礼化して実用性を失い、一方、簡略な腹巻を入念に仕立て、付属品をたくさんつけて、武将も用いるようになる。一般にはさらに安価で軽量で大量生産に適した、胴丸《どうまる》や腹当《はらあて》が用いられた。弓矢の戦闘では、手で持つかわりに肩から下げていた、楯の一種ともいえる大袖《おおそで》が主流だったが、腕になじむように反りをつけた広袖《ひろそで》（大袖より小さくて裾広がりの袖）や壺袖《つぼそで》（大袖より小さくて裾窄《すそせま》りの袖。後掲一〇〇頁図22）が普及する。また、頬当《ほおあて》や喉輪《のどわ》や籠手《こて》や佩楯《はいだて》（大腿部の防具）や脛当《すねあて》などの小具足《こぐそく》で全身を隙間なく保護するようになる。こうして徒歩斬撃戦に適した武装が普及したのが室町期である。腹巻の高級化が定着するとともに、胴丸も高級化するに至る。武装における下克上《げこくじょう》である。

## 大将も馬を下り槍を執る

信玄在世当時の合戦における武将の行動は、織田信長《おだのぶなが》の家臣、太田牛一《おおたぎゅういち》の『信長公記《しんちょうこうき》』首巻《しゅかん》に記された、永禄《えいろく》三年（一五六〇）五月十九日の桶狭間《おけはざま》合戦における信長の行動で、その一端がうかがわれる。同書は信長の開戦時の行動について「信長鑓《やり》をおっ取て大音声《だいおんじょう》を上げて、すわか丶れ〳〵と仰せられ」と記し、さらに「信長も下り立って、若武者共に先を争い、つき伏せ、つき倒おし」と記している。開戦直前まで乗馬でいた信長は、戦闘中に馬から下り、鑓を用いて徒歩戦闘を行ったことがわかる。同書には戦場の地形が「おけはざまと云う所は、はざまくてみ、深田足入れ、高みひきみ茂り、節所と云う事限りなし」とあるから、乗馬での戦闘に不向きな場所である。当時の武士にとって、乗馬は戦闘手段というよりも、戦場までの移動手段だった。宣教師のフロイスも「我（西洋人）等は馬上で戦う、日本人は戦わねばならぬ時は馬から下りる」（『日本覚書』）と述べている。

同書はまた、この合戦で敗死した今川義元《いまがわよしもと》の最期について、「服部小平太、義元にかゝりあい、膝の口きられ倒れ伏す。毛利新助、義元を伐《き》り臥《ふ》せ頸《くび》をとる」とあるから、義元も徒歩になり、太刀で戦ったことがわかる。この太刀（建勲《たけいさお》神社蔵）は、武田信虎《たけだのぶとら》が娘婿の義元に贈ったもので、もとは戦場用の長大なものだったらしいが、これを入手した信長が、何度も短く切りつめて日常用にしたと『信長公記』に見える。

このように一軍の総大将でも徒歩で戦うことが当たり前になると、不便な貫《つらぬき》は、軽快な草鞋《わらじ》に取って代わられる。室町後期の守護大名である細川澄元《ほそかわすみもと》や大内義興《おおうちよしおき》は、韋足袋《かわたび》に草鞋ばきの姿で描かれている。信玄も同じ姿であったろう。前述の榊原康政像が貫を履いているのは、想像画だからである。

## 川中島の一騎討ち

さて桶狭間合戦の翌年、すなわち永禄四年（一五六一）の九月十日には、信玄と謙信の一騎討ちで有名な川中島合戦が起きる。この合戦で、謙信に本陣を突かれた信玄は、とっさに軍配《ぐんばい》で謙信の太刀を受け止めたと『甲陽軍鑑《こうようぐんかん》』品《ほん》三十二にあるが、この劇的な逸話はフィクションと思われる。

合戦のほぼ一カ月後の永禄四年十月十五日付けで、下総古河《しもうさこが》に滞在中の関白近衛前久《このえさきひさ》が謙信に宛てた書状（上杉家文書）に、

自身太刀討ちに及ばる段、比類無き次第、天下の名誉に候

とあるから、謙信は合戦直後に自身で太刀打ちしたことを前久に伝え、それがこの文面になったのだろう。この書状は両将一騎討ちの証拠と考えられやすいが、文中に信玄は出てこない。当時の感覚では、武将が馬廻り《うままわ》（親衛隊）を率いて白兵戦に参加しただけでも、「自身太刀討ちに及ばる」ということになるから、一騎討ちの話も割り引く必要がある。この一騎討ちは、信玄の側近の槍が謙信の乗馬を叩いたため、引き分けに終わったとされるが、仮に信玄が桶狭間合戦の信長のように、最初から槍を持っていれば、本陣に突入してきた謙信を、その場で突き殺せたかもしれない。

槍が文献に登場するのは鎌倉末期の元弘《げんこう》四年（一三三四）である（南部文書）。絵画では鎌倉後期の『法然上人絵伝《ほうねんしょうにんえでん》』巻一（知恩院《ちおんいん》蔵）が古い。長い棒の先端に短く鋭い刃物をつけただけの、簡単で安価なこの武器は、扱いやすさと、遠くから敵と戦えるという安心感も手伝って、すぐに普及した。室町後期の武将、朝倉孝景《あさくらたかかげ》（宗滴《そうてき》）の『朝倉孝景十七箇条』は「名刀一振りよりも、それと同額の百本の槍のほうが重要だ。槍百本を百人に持たせれば一方の防御になる」と現実的な評価を記している。信玄の父、信虎が活躍していたころは、槍が徒武者《かちむしゃ》の主要な兵器だった。

## 槍と小札

槍が有効なことは、甲冑の構造とも関係する。中世の甲冑は小札《こざね》という鉄や牛革の薄く小さな板を主体とする（九〇頁図19）。小札は縦長の長方形の上端を斜めに削ぎ落としたような形で、ほぼ名刺大から小指一本ぐらいの大きさのものである。これに小孔をたくさんあけ、韋の細紐を通して、小札の端と端が小札の幅の半分ずつ重なるように連結する。この状況は、瓦屋根の瓦を深く重ねた状態を考えればよい。こうしてできた横長の板を小札《こざね》の板《いた》という。当然、小札の板は一枚の小札の二倍の厚さになり、表面には瓦屋根状の凹凸がつく。また上端は鋸《のこぎりじょう》状になる。小札の板には防湿と補強と形を整えるために漆《うるし》を塗る。通常は黒漆である。

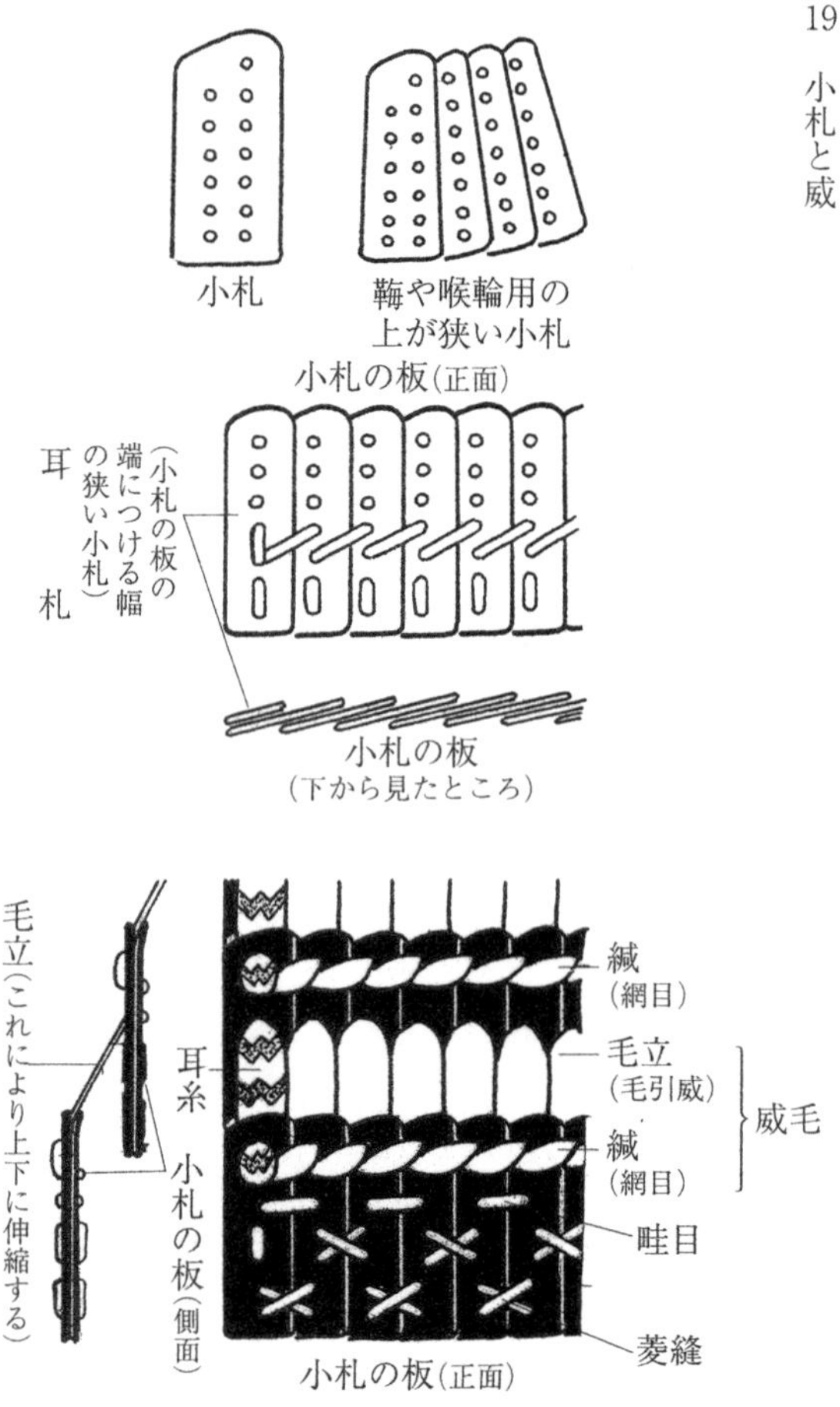
小札
𩋡や喉輪用の上が狭い小札
小札の板(正面)
耳札
(小札の板の端につける幅の狭い小札)
小札の板
(下から見たところ)
毛立(これにより上下に伸縮する)
耳糸
小札の板(側面)
緘
(網目)
毛立
(毛引威)
緘
(網目)
威毛
畦目
菱縫
小札の板(正面)

図19　小札と威

小札は時代が下るほど小さくなり、一領の甲冑を作るのにも多く必要になってくる。平安期には一領千枚以下でも出来たものが、室町末期の信玄が活躍したころには、一領三千数百枚のものさえ登場する。これは小札自体が薄く小さくなったためで、組み立てる手間はかかるが、材料集めや加工はやりやすくなる。小札の主体は革製の革札《かわざね》である。鉄製の鉄札《てつざね》は丈夫な反面、重いので、通常は胴の正面などの主要箇所に、革札と交ぜて用いた。

甲冑の防御の主体である小札の板は、刀でなで斬りにしても表面が斬れるだけだ。力が分散するからである。それを斬り割くには、刀の重量を利用して、タイミングよく敵にあてる必要がある。大太刀が好まれたのはそのためだが、より簡便なのは力を一か所に集中することで、それに適した武器は槍である。

槍が普及した室町期の甲冑は、多くが小札の板でできており、その表面には、小札と小札の重なり目にできた凹凸があるから、槍の力を左右に逸らすことができにくかったうえ、小札と小札の重なり目を突いた槍の鋭い先端が、これを押し曲げるおそれさえあった。その結果、槍は甲冑を容易に貫き、致命傷を与えることになる。河内《かわち》の金剛寺《こんごうじ》に多数伝来する室町期の胴丸《どうまる》には、刀槍の傷が散見するが、刀のそれが表面に筋として残るのに対し、槍のそれは裏側まで貫いている。

槍のような一点集中の攻撃兵器の最たるものが、弓矢や鉄炮である。弓矢は平安期から江戸期まで、一貫して使われている。ただし、室町期には武将の必需品ではなくなっていた。室町後期の永正年間（一五〇四―二一）に描かれた武将の騎馬甲冑像の像主（小笠原《おがさわら》朝《とも》経《つね》、細川澄元、大内義興）は、弓矢を持っていない。鉄炮は天文十一年（一五四二）か翌年に伝来し、永禄年間（一五五八―七〇）には主要な兵器になった。遠方の敵に、頑丈な甲冑の上から一撃を与えて即死させるなどという武器は、中世の人間には想像を絶するものだったろう。

## 威毛の描きかた

さて小札の板を組み立てて一領の甲冑を作るために、組紐や韋紐が使われる。これが威毛《おどしげ》または威糸《おどしいと》である（図19）。『平家物語《へいけものがたり》』や『太《たい》平記《へいき》』のような軍記物に、赤糸威《あかいとおどし》とか紫韋威《むらさきかわおどし》など見えるのは、それぞれ赤く染めた組紐で威《おど》した甲冑や、紫に染めた韋紐で威した甲冑のことである。オドシとは本来は小札の孔《あな》に紐（緒）を通すこと、つまり緒通《おとお》すからできた言葉で、それに武家らしく〝威〟の字をあてたものと思われる。

威は赤糸威のような単色のものもあるが、赤糸威を基調として、その上部に白糸を配する赤糸肩白威《かたじろおどし》のような、色目《いろめ》が複数のものもある。また二色の威毛を一段ごとに変えて用いた段威《だんおどし》や、三色以上の威毛を使った色々威《いろいろおどし》、基調の威毛を一色えらびその端を別な威毛で三角に色分けした褄取威《つまとりおどし》などというものもある。

以上は威毛の最低限の分類だが、描かれた甲冑や実際の遺品には、容易に分類できぬ複雑なものも多い。小札の板を上下につなぐ威毛を毛立《けだて》という。甲冑の表面にレース状に並んでいるのが毛立である。また小札どおしを横につなぐ威毛を絓《からみ》という。絓は威毛の並びが縄目状《なわめじょう》になるので、縄目ともいう。なお、毛立や絓の両端には、威毛とは異なる紐を通す。これを耳糸《みみいと》という。

絵画に描かれた甲冑は、横に走る二本の黒い線と、そのあいだに塗られたさまざまな色の組み合わせのように見える。二本の黒い線は黒漆を塗った小札の上部で、そのあいだが縄目である。この縄目は実際には右上から左下に斜めの線が並ぶように見えるが、これを絵画で表現する場合、筆を使って右上から左下に斜めの線を連続して引くのはむずかしい。そこで実際とは逆に、左上から右下に斜めの線を連続して引き、縄目を表現することが多い。

なお、縄目の下の、色を広く塗った部分が毛立で、絵画では色の上から縦線を並べて威毛の並びを表現する。最下段の小札の板には、毛立がなく、毛立用の小孔には畝目《うなめ》と菱縫《ひしぬい》を通す。普通、畝目には多色の組紐、菱縫には赤の組紐か革紐を用いる。甲冑の裾に赤い点が連なっているのが菱縫である。

以上、甲冑武具についてやや専門的なことを述べたのは、浄真寺本を論ずるための予備知識として必要だからである。甲冑武具の特徴や変遷を、よりくわしく知りたいかたは、拙著『鎧をまとう人びと』をお読みいただきたい。

# これぞ信玄

# 浄真寺本の分析

いよいよ浄真寺《じょうしんじ》本の風俗描写を分析する（口絵と七九頁図17参照）。像主は兜《かぶと》は脱いでいるものの、ほぼ完全武装で、虎皮の裏に緋毛氈《ひもうせん》をはった敷皮を敷いた床几《しょうぎ》に腰かける。目の周囲の皺《しわ》や、薄い頭髪に年齢が感じられるが、眼光は鋭く、小さく結んだ口とともに、一種の凄味が感じられる。頭の周辺に紫の小さな円が描かれているが、意味不明である。耳が大きいのも特徴といえる。一見して三十代から、四十代前半という印象を受ける。

## 腹巻か胴丸か

胴には腹巻《はらまき》（図20）か胴丸《どうまる》（図21）を着ける。腹巻は身体に巻いて、右脇で重ね合わせる。合わせ目を引合《ひきあわ》せといい、着脱はこれを開閉して行う。胴丸は腹巻に似るが、身体に

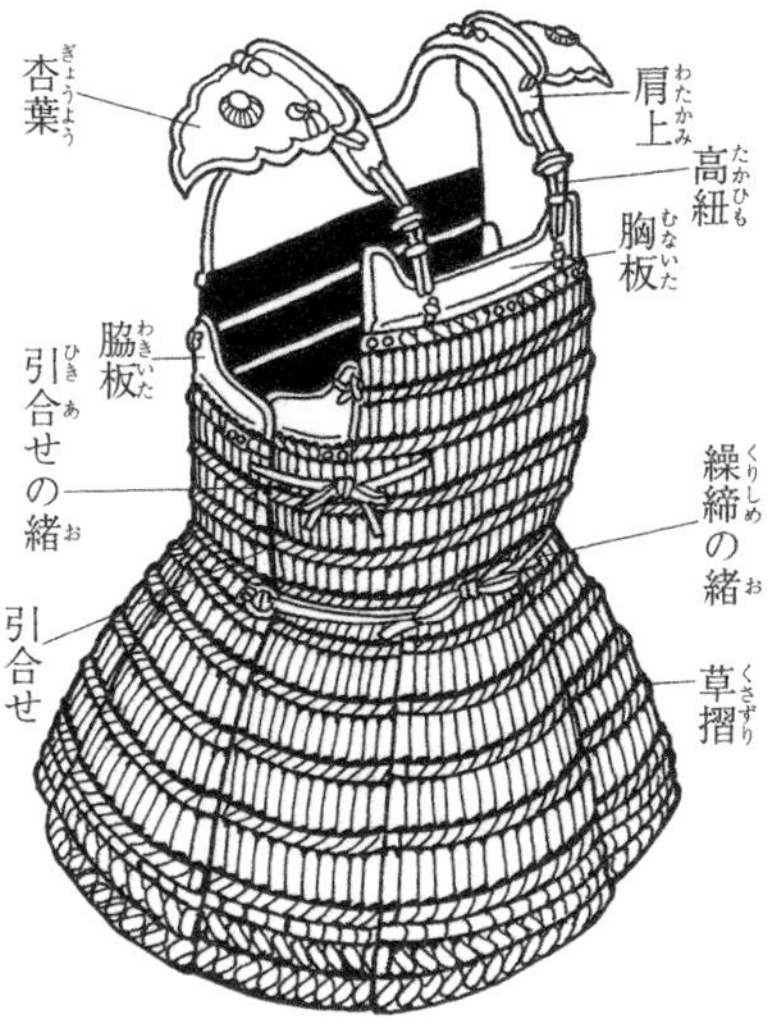


図20　腹巻
腹巻は右脇を重ね合わせて着る

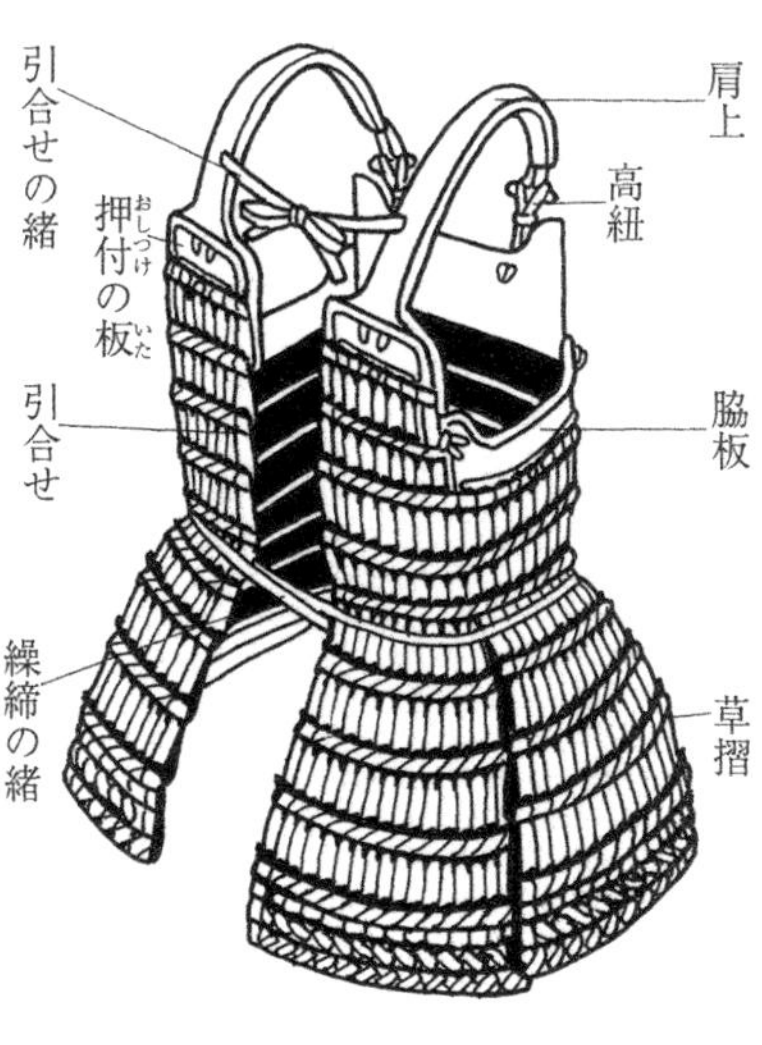


図21　胴丸（背面）
胴丸は背中の空き間から
身体を入れて着る

巻いて、背中で合わせる。ただし、腹巻が完全に身体を巻くのに対し、胴丸は小さいため、これを着ると背中に幅広い隙間ができる。もともと下層階級の着具として開発されたため、前と両脇を防ぐだけで十分だったわけだが、背中の隙間はやはり危険である。そこで胴丸が高級化すると、この隙間に独立した防具（背板《せいた》。臆病板《おくびょういた》とも）をあてたものも現れるが、概して腹巻のほうが重厚、入念で高級なものが多い。以上の腹巻と胴丸の区別は中世ののもので、近世以後は腹巻が背中引合せ、胴丸が右引合せと、呼称と形状が逆転する。

浄真寺本の甲冑《かっちゅう》が腹巻に見える理由は、

① 右脇に引合せらしい耳糸《みみいと》（小札《こざね》の板に端につく）の縦線があること（胴丸の引合せは背中にあるから見えない）、

② 腰から下がる草摺《くさずり》が八間《けん》（八枚）らしく、前の草摺が真正面にないこと（背中に引合せがある胴丸では、草摺は奇数になるから、前の草摺は真正面にくる）、

③ 胸の左右に、杏葉《ぎょうよう》という小型の防具がついていること（室町期の腹巻の遺品にはほぼ完璧に杏葉がつくが、胴丸でつくものは稀である）、

④ 兜の𩊱《しころ》が五段あること（胴丸につく兜の𩊱はほとんどが三段である）、

などである。

一方、胴丸に見える理由は、

① 右脇の縦線が引合せにしては位置が前すぎること（この位置は甲冑の下書きを描く際、当たりをつけるために引く縦線の位置と合致する。また室町後期には、甲冑の形式にかかわらず、ここに耳糸を描くことが、一部で定型化していた）、

② 引合せを閉じるための繰締《くりしめ》の緒《お》が見えないこと、

③ 胸や脇につける八双金物《はっそうかなもの》の鋲《びょう》が一つしかないこと（腹巻は二つ、胴丸は一つが基本）、

などである。

## 鉄板製か小札製か

ところで、確実な武田信玄《たけだしんげん》の着具は、前述の寒川神社《さむかわじんじゃ》蔵の兜と戸沢《とざわ》家《け》蔵の兜である。前者には「天文六年（一五三七）丁酉《ていゆう》三月吉日」の年紀と「房宗（花押《かおう》）」の作銘がある。後者には「上州住成国作」の作銘がある。これらには現在、胴がない。ただし兜の𩊱《しころ》は、小札製ではなく鉄板製である。通常、𩊱は胴と同様に作るから、これらの兜についていた胴も鉄板製の可能性がある。ただし、豊臣秀吉《とよとみひでよし》が大友宗麟《おおともそうりん》に贈ったと見られる柞原八幡宮《ゆすはらはちまんぐう》蔵の胴丸のように、胴は小札製で𩊱は鉄板製というものもあり、近世にはそのほうが圧倒的に多い。

小札の板のかわりに、横長の鉄板（板札《いたざね》）を用いた甲冑の遺品は、室町末期に多く見ら

れる。鉄板では小札の板と違って柔軟性がないから、そのままでは身体に巻きつけることができない。そこで横長の鉄板五枚を、四つの蝶番《ちょうつがい》で連ねたものを作り、それを威《おど》して胴に仕立てる。これを最上胴《もがみどう》という（図22）。

最上胴の表面には、小札の板のような細かい凹凸がない。このことが、槍《やり》や弾丸《だんがん》をそら

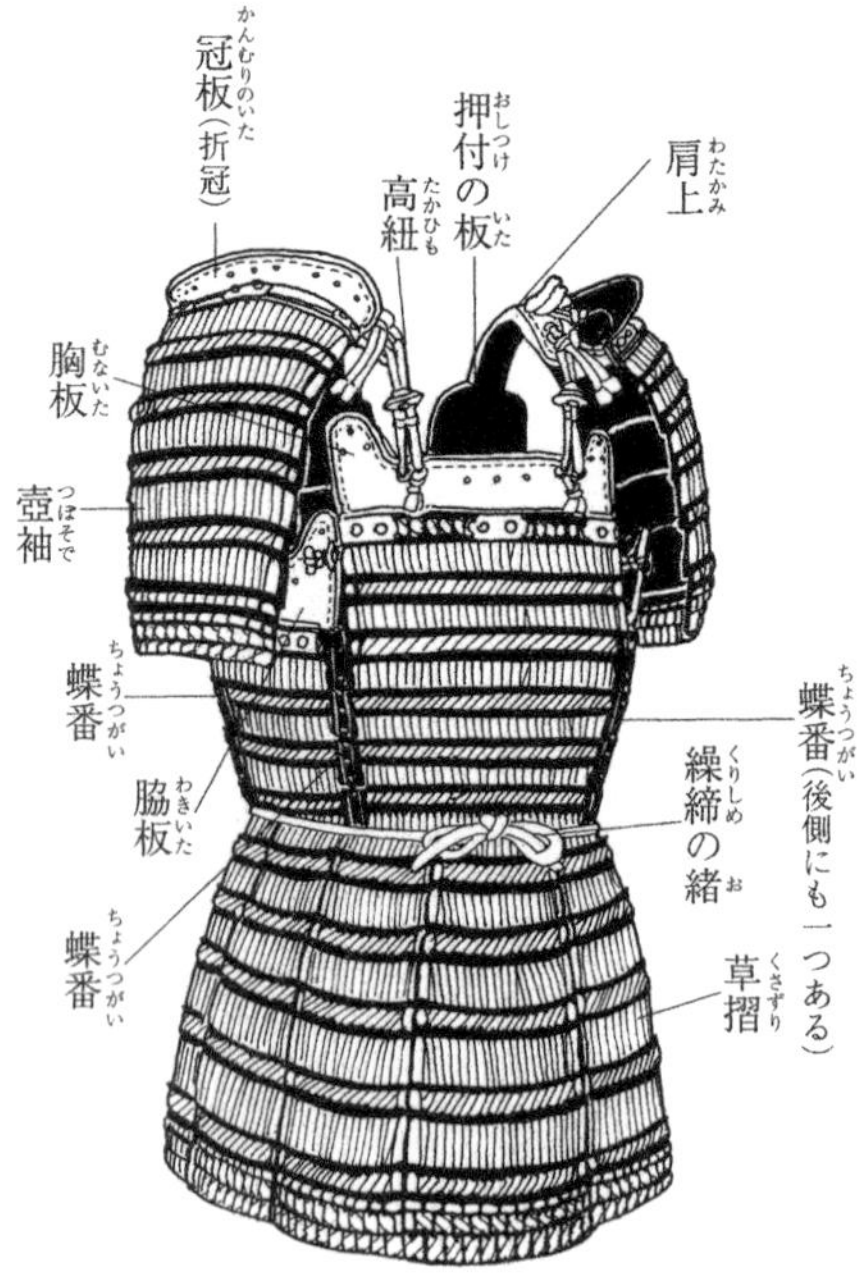


図22　最上胴

最上胴は小札の板（こざねのいた）のかわりに鉄板を用いた腹巻や胴丸で，両脇の前後計4か所に蝶番（黒く太い縦線に見える）をつけるのが特徴．図は室町末期の最上胴丸の高級品で，裾窄まりの壺袖を装備している．壺袖の冠板は折冠である．小札の板の上端がノコギリ状（図20，21）なのに対し，板札の上端は横一文字である．ただし板札の上端をノコギリ状に切り欠いて，小札製に見せかけたものもある

せる効果を期待されたらしく、室町末期に大流行した。武田勝頼《たけだかつより》が富士浅間神社《ふじせんげんじんじゃ》に寄進した甲冑も、引合せを右脇に設けた腹巻形式の最上胴である。当時の最上胴としては鉄板が厚く、いちじるしく重い。この兜には「元亀三年（一五七二）壬申《じんしん》二月日」の年紀と「上州住康重作」の作銘がある。元亀《げんき》三年当時、盛んに使用された鉄炮に備えたものだろう。守護大名クラスの武将が、新式の甲冑を用いた例として注目される。

もっとも、同じ富士浅間神社には、天正三年（一五七五）の作銘のある小札製の大袖《おおそで》があり、これも勝頼の寄進と思われる。上級者には伝統墨守の傾向があったから、小札製の甲冑は廃《すた》れることなく幕末まで作り続けられた。浄真寺本に描かれた武装を、信玄が出家した永禄《えいろく》二年（一五五九）より古いとすれば、高級武将のあいだでは、まだ小札製の甲冑が幅をきかせていた時代である。

浄真寺本に描かれた胴には、右脇の前寄りの、最上胴では蝶番のつく位置に、耳糸の縦線が描かれており、最上胴を連想させる。ただし、ここに描かれた兜は、室町期の伝統的な阿古陀《あこだ》兜《かぶと》で、寒川神社蔵の兜や戸沢家蔵の兜よりも古様であるし、小具足《こぐそく》類もすべて伝統的なものであることを考えれば、胴自体も伝統的な小札製と考えてよかろう。

金具廻《かなぐまわ》りには、藻獅子韋《もじしかわ》を張り、小縁《こべり》を廻らせ、伏《ふ》せ縫《ぬ》いを施《ほどこ》す。小縁の文様は赤地に白の点が五つある五星韋《ごせいがわ》が普通だが、ここでは割菱紋状《わりびしもん》に点を四つ表す。実物は割菱紋だったかもしれない。ちなみに、菅田天神社《かんだてんじんしゃ》蔵の「武田家相伝の〝楯無《たてなし》〟」とされる大鎧（国宝）の小縁が、割菱紋である。ただ、この小縁は江戸期の修理を受けているので、なお検討を要する。金の入《い》り八双金物《はっそうかなもの》に花菱紋《はなびしもん》の鋲を一つずつ打つ。一般的な甲冑には、金具廻りを黒漆《くろうるし》塗《ぬ》りにしたり、革一枚を貼ったりするものや、八双金物も鋲もないものが圧倒的に多かったことを考えれば、入念の作と言える。胸の両側に杏葉をつけるが、これにも花菱紋の金物を打つ。脇には脇板《わきいた》がなく、小札の脇引《わきびき》を仕つける。脇引は古くは胴と別個に作り、脇の下に下げるように装着したが、室町末期の腹巻や胴丸には、胴に直接仕つけたものが散見する。永正八年（一五一一）の大内義興《おおうちよしおき》像（模本・山口県立山口博物館蔵）にも、それが描かれている。

## 色々威の変遷

威毛《おどしげ》は上から萌黄《もえぎ》、紅、白、以下濃紺《のうこん》である。遺品から考えて、萌黄、紅、白は糸で、濃紺の部分は鹿韋《しかがわ》を濃い藍染《あいぞめ》にしたものであろう。中世には濃い藍染の韋を黒韋《くろかわ》とよんでいる。このように三色以上の威毛で威したものを色々《いろいろ》威《おどし》とよぶ。色々威には、色目《いろめ》の変遷（流行）がある。古くは基調となる威毛（この場合は黒韋）の上部に、二色の色糸を配した。永正四年（一五〇七）の賛《さん》のある細川澄元《ほそかわすみもと》画像

（永青文庫《えいせいぶんこ》蔵）に描かれた腹巻の威毛が、上から紅、紫、以下濃紺（黒韋か）になっているのが、これである。

つぎに、浄真寺本に描かれた色々威のように、上部の色糸を三色にし、さらに色糸を下部にも配するようになる。鹿児島神宮《かごしまじんぐう》蔵の腹巻（図23）は、室町末期に島津家が寄進したとの伝来があるが、萌黄糸を基調にして、その上部に紅、白、紅、下部に紅、白を配している。付属する大袖も、紅、白、紅、萌黄、紅、白である。

前述の勝頼が寄進したと見られる富士浅間神社蔵の大袖は、紅、白、紅、紫、紅、白で、この紫を基調色とすれば、島津家《しまづけ》寄進のものと配色の感覚が等しくなる。この大袖は色々威の腹巻に付属するが、その威は紅、白、紫をやや複雑に配したもので、金具類も大袖とは異なり、同時に製作されたものでないことをうかがわせる。ちなみに、この大袖の金物の八双金物は、普通の菊文様《きくもんよう》の鋲を打つが、笄金物《こうがいかなもの》という長方形の飾り金物には、桐紋の鐶《かん》頭一個と花菱の紋鋲六個を並べている。

さらに、永禄末年から天正初年ごろに、織田信長《おだのぶなが》が上杉謙信《うえすぎけんしん》に贈った腹巻（西光寺蔵）は、紅、白、萌黄、紫の四色を不規則に配している。この腹巻は金箔を置いた金小札《きんこざね》で、金具廻りを粒の大きな白鮫（ザラザラしたエイの皮に黒漆を塗り、研ぎ出したもの。黒漆のなかから皮の表面の細かい粒々が、白く研ぎ出される）で包むなど、当時の遺品中、類のない華やかなものである。このように色々威の色目の変遷を見ると、浄真寺本に描かれたもの

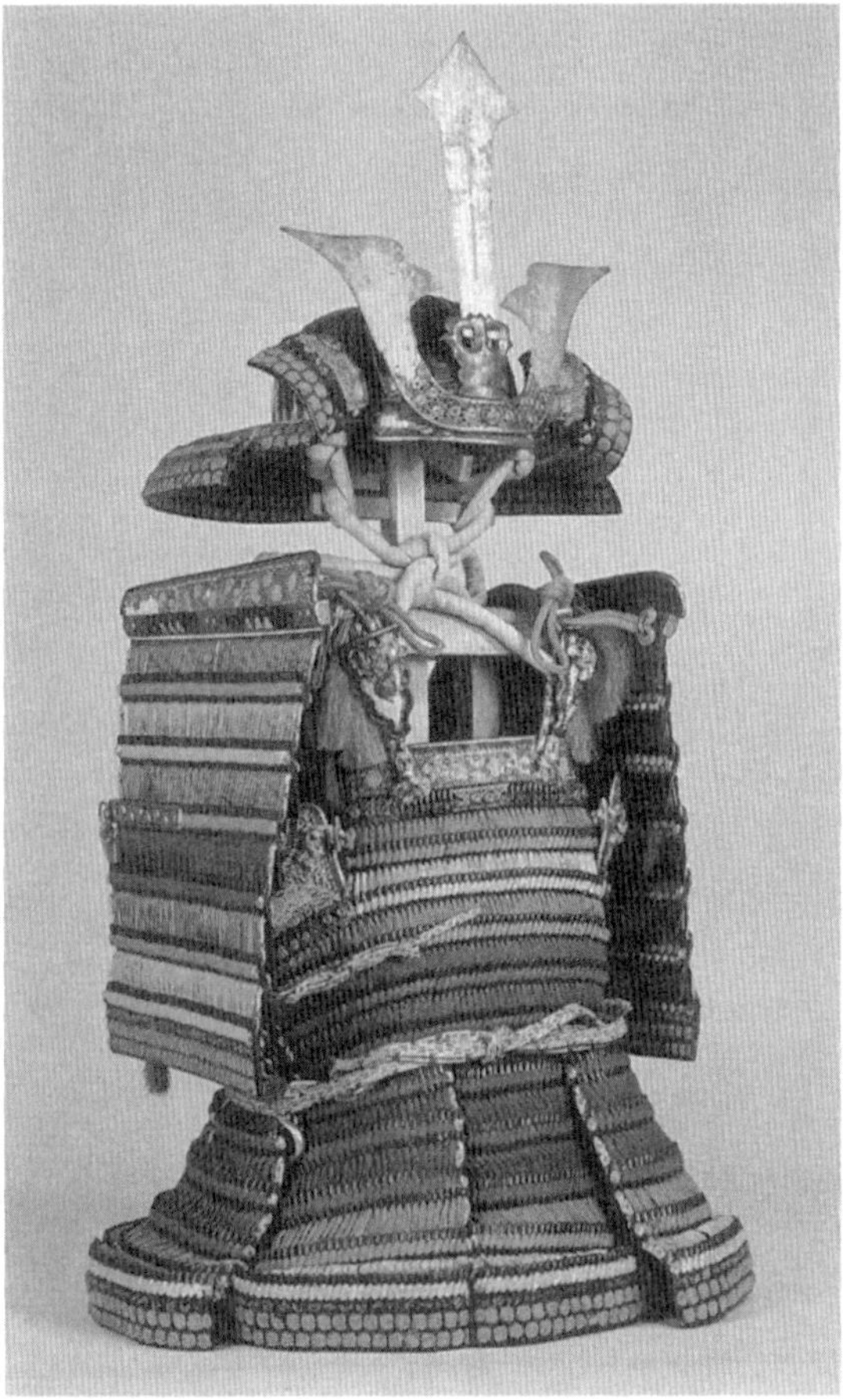

図23　色々威腹巻
鍬形に三鈷剣（さんこけん）を立てた兜をはじめ，浄真寺本と近似した点が多い．大袖の冠板は，通常どおり左右ともほぼ平らである．冠板を左側だけ中途から捻り返したように描いた浄真寺本の大袖と比較されたい　（鹿児島県・鹿児島神宮蔵）

が、時代の流行に合致していることがわかる。

### 大袖と兜

浄真寺本に描かれた大袖《おおそで》は、威毛、金物、韋所などが胴と同じである。一般に袖の冠板《かんむりのいた》（上端の鉄板）には、表側に絵韋を貼っても裏側は無地の溜塗《ためぬ》り革《がわ》などを貼る例が多いが、ここでは表裏ともに小縁《こべり》、伏せ縫いつきの絵韋を貼っており、高級感が感じられる。覆輪《ふくりん》の留め鋲を打つために、その両端を、花崎形を半分に切った形に広くしているのも遺品どおりである。なお、大袖の冠板の遺品はすべて、左右ともほぼ平坦だが、浄真寺本では左の冠板にかぎり、上端を外側に捻《ひね》り返したように描いているのが注目される。

兜は脇に置いた兜立《かぶとたて》にかける。鉢は総覆輪《そうふくりん》の筋鉢《すじばち》で阿古陀形《あこだなり》である。鉢の正面の篠垂《しのだれ》や、裾《すそ》に設けた檜垣《ひがき》などの金物もきちんと描かれている。眉庇《まびさし》には花菱紋鋲を三つ打った鍬形台《くわがただい》がつく。鍬形《くわがた》は上端を水平に開いた形で、そのあいだに三鈷剣《さんこけん》を立てる。鍬形のあいだに剣を立てたものを、三鍬形《みつくわがた》とよぶ。𩊱《しころ》は五段で、威毛は胴と同じである。𩊱の両端の吹返しにも花菱紋をつける。浄真寺本のような、総覆輪の阿古陀形筋鉢《あこだなりすじばち》に笠𩊱《かさじころ》をつけ、鍬形と三鈷剣をつけた遺品は、室町末期の武将に愛用されたが、遺品の多くは三段𩊱で、五段𩊱は稀である。

なお、信玄終焉の地である信州伊那駒場《いなこまんば》の長岳寺《ちょうがくじ》（長野県下伊那郡阿智村《あちむら》）にも、信玄所用と伝える菊唐草《きくからくさ》を透かし彫りにした三鈷剣形式の見事な鍬形台がある。

## 時代を示す小具足

胴と兜と袖以外の付属品を小具足《こぐそく》という。浄真寺本には小具足として、喉輪《のどわ》、篠籠手《しのごて》、宝幢佩楯《ほうどうはいだて》、大立挙脛当《おおたてあげのすねあて》が描かれている。

喉輪と佩楯は紅糸威《くれないいとおどし》らしい。喉輪は長享《ちょうきょう》元年（一四八七）の足利義尚《あしかがよしひさ》像（地蔵院蔵）、永正《えいしょう》四年（一五〇七）の細川澄元像（永青文庫蔵）、永正八年の大内義興像、天文八年（一五三九）の斎藤正義《さいとうまさよし》像（浄音寺蔵。口絵参照）に描かれたものと同様、室町期の典型的な形状である。籠手《こて》は、篠《しの》という長い鉄板を連ねて家地《いえじ》（布地）に綴《と》じつけた篠籠手で、ここでは外側の篠を長く広く、内側の篠を短く狭く、肘《ひじ》に宛てる肘鉄《ひじがね》を小さく描くなど、金剛寺蔵などの室町期の遺品を彷彿《ほうふつ》させる。この籠手の手甲《てこう》と、後述する脛当には花菱紋が描かれている。実物は、鉄板を花菱形に切って打ちつけたものだろう。

宝幢佩楯は丸く仕立てた小札の板三段の裾に、三分割した小札の板を威し下げたもの二つを、腰から下げて左右の大腿部に巻きつける防具で、足利義尚像、細川澄元像、大内義興像などに描かれている。遺品も室町後期のものが十点ほどあり、当時、武将のあいだで流行したことがわかる。

大立挙脛当は膝を覆う立挙を長大に作った脛当で、足利義尚像、小笠原宗益像《おがさわらそうえき》（個人蔵）、細川澄元像、斎藤正義像（浄音寺蔵。口絵参照）など室町期の画像に描かれており、南北朝～室町期の遺品もある。宝幢佩楯と大立挙脛当を用いて脚部を厳重に防御しているのは、薙刀《なぎなた》、大太刀《おおたち》、槍《やり》などの攻撃がここに集中したうえ、刀剣のみでは防ぎきれないとの判断によるものだろう。

ちなみに、刀剣や弓矢は攻撃兵器、甲冑や楯は防御兵器と区別されている。それはそれで間違いではないが、刀剣には弓矢などと違い、防御兵器の側面があった。このことは意外なほど認識されていないが、個々の戦闘と武装に与えた影響は重視されるべきである。

足には燻韋《ふすべがわ》の足袋《たび》と草鞋《わらじ》を履《は》く。平安・鎌倉期の武士が常用し、また、江戸期の想像画に盛んに描かれた貫《つらぬき》は、履いていない。手には絵韋の弓懸《ゆがけ》をはめる。右手には赤地に金の日輪《にちりん》を描いた軍扇《ぐんせん》を畳《たた》んで持つ。軍扇の赤い緒は右手首に懸けている。左手は膝に置く。

## 持ち物と刀剣

腰には長大な太刀《たち》を佩《は》き、打刀《うちがたな》を差す。太刀の黒い柄《つか》には赤い手貫《てぬき》の緒《お》を結ぶ。成慶院《じょうけいいん》本を含めて、画像に描かれた太刀の手貫の緒は、ほとんどが小さな飾り結びだが、ここでは馬上で太刀を取り落とさぬ用心のため、輪を大きくして、手首を入れたり指をかけたりする、手貫の緒本来の姿を示している。

打刀もまた長大で、像主のうしろに、金具をつけた小尻《こじり》が突き出している。通常の腰刀のかわりに打刀を差しているのは、不意の敵襲に備えたためと、太刀を失った際の予備として用いるためである。柄は片手打ちに適する短さで、黒く塗る。鐔《つば》はない。紺の柄巻《つかまき》の内側に、花菱紋を二つ並べた目貫《めぬき》が見える。太刀の目貫は腕の陰になって見えない。太刀に鐔のない打刀を差し添えた姿は、斎藤正義像にも描かれており、これには太刀と打刀の両方の目貫、および打刀につけた笄《こうがい》に家紋の梅鉢紋《うめばちもん》が描かれている。

## やる気に満ちた像主

浄真寺本に描かれた武装は、極めて入念かつ写実的で、想像で描かれたものではない。他の画像や武具の遺品に照らして、室町後期の伝統的で最高級の武装を忠実に再現したものといえる。したがって、像主は当代一流の武将ということになる。さらに、長大な太刀に手貫の緒を大きな輪にして結んでいること、佩《は》き添《そ》えに打刀を差していること、威儀を高める貫ではなく草鞋をはいていること、隙間を防ぐ様々な小具足を使用していることなどが注目される。つまり、像主は徒歩《かち》の斬り合いさえ辞さない気構えなのである。

そこで、像主を箱書きの吉良頼康《きらよりやす》とすることに疑問が生じる。まず、これが甲冑像という特異な画像であることである。室町後期から江戸初期に描かれた甲冑像の像主の戦歴を見ると、いずれも甲冑姿で描かれる必然性が認められる。つぎにそれらを列挙する。

①　足利義尚像　愛知県地蔵院蔵
九代将軍。長享《ちょうきょう》元年（一四八七）近江《おうみ》出陣の図。

②　小笠原宗益《おがさわらそうえき》（赤沢朝経）像　個人蔵
細川政元《ほそかわまさもと》の重臣。永正四年（一五〇七）六月、丹波《たんば》で討死《うちじに》。最後の出陣の図か。

③　細川澄元像　東京都永青文庫蔵
管領《かんれい》細川政元の養子。永正四年（一五〇七）八月の京都凱陣または十月の出陣の図。永正四年の賛。

④　大内義興像（模本）　山口県立博物館蔵
周防《すおう》・長門《ながと》などの守護《しゅご》。永正八年（一五一一）の京都凱陣の図。永正八年の賛。

⑤　斎藤正義像　岐阜県浄音寺蔵（口絵参照）
近衛家《このえけ》出身で斉藤道三《さいとうどうさん》の猶子《ゆうし》。天文七年（一五三八）に兼山城主となる。天文八年の賛。

⑥　益田元祥《ますだもとよし》像　個人蔵

毛利家の重臣。天正年間（一五七三―九二）の毛利家と織田家の抗争、豊臣秀吉の島津攻め、文禄《ぶんろく》・慶長《けいちょう》の役などに従軍。島津攻め当時の図か。

⑦　黒田長政《くろだながまさ》像　福岡市博物館蔵
賤ケ岳《しずがたけ》、文禄・慶長の役、関ケ原《せきがはら》、大坂の陣などに従軍。寛永《かんえい》元年（一六二四）の賛。

⑧　沢村大学《さわむらだいがく》像　熊本県成道寺《じょうどうじ》蔵
細川家の重臣。三十余度の合戦に従軍。島原《しまばら》の乱の図。正保《しょうほう》二年（一六四五）の賛。

これらに比べ吉良頼康には、これといった戦歴がない。北条氏綱《ほうじょううじつな》の娘婿として、その庇護下にあったというのが事実であろう。こうした人物が甲冑姿で描かれるであろうか。しかも、その武装には実戦感が横溢《おういつ》しているから、頼康はますます像主にふさわしくなくなる。

さらに決定的なことは、この画像に花菱紋が描かれていることである。その数は冑、胴、大袖、籠手、脛当など三十箇所に及んでいる。実際の武装では全身五、六十箇所に達したであろう。花菱紋が像主の家紋であることは明らかだが、吉良家は足利家の一門で、家紋は桐紋と二引両紋だから、頼康は像主には不適当である。一方、信玄とすれば戦歴からも矛盾がない。

浄真寺本の甲冑は、実物の特徴をよく捉えており、全身にかかる甲冑の重量感さえ感じられる。描く角度の違いや、兜をかぶらず頭部が小さく見えることを割り引いても、この重量感は室町期の一連の画像に劣らない。まして江戸期に想像で描かれた武将像の甲冑の軽い感じとは大差がある。緒所《おどころ》の処置も適切だ。こうしたことは、単に甲冑の実物を写生しただけで表現できることではない。故実《こじつ》に通じた者が絵師を指導したか、絵師自身が甲冑を着なれていたかである。後者であれば、この図様を描いた可能性がもっとも高いのは、やはり信玄の弟、逍遙軒《しょうようけん》ということになろう。

前掲の国友助太夫家《くにともすけだゆうけ》史料（七七頁図16）や東京大学史料編纂所の近藤重蔵《こんどうじゅうぞう》関係資料中の模本の、逍遙軒筆の信玄像で高野山蔵という注記、『増補考古画譜』の記事なども勘案すれば、武田勝頼寄進の信玄寿像《じゅぞう》は、成慶院本ではなく、この図様の画像と考えられる。

ただし、私には浄真寺本が逍遙軒の真筆か否かを断定する自信はない。慎重を期して、逍遙軒の真筆の比較的古く良質な模本としておく。画像に見える修理の跡、とくに甲冑の小札の部分に切り貼りをしたような跡があることを含めて、さらなる検討が必要であろう。

## 冠板の大胆なデフォルメ

浄真寺本では、実際には左右ともほぼ平らな大袖《おおそで》の冠《かんむりのいた》板を、左のほうだけ途中から外側に捻《ひね》り返したように描いているのが注目される。袖の冠板を外側に捻り返す、いわゆる折冠《おりかんむり》は、広袖《ひろそで》や壺袖《つぼそで》（前掲一〇〇頁図22）につくもので、大袖についたものは一つもない。また通常の折冠は、袖の小札の板の最上端からただちに捻り返しているが、浄真寺本のそれは最上段より少し離れた冠板の中途から捻り返している。それも左だけで、右の冠板は普通である。こうした手法は不自然だし、遺品の実例もないから、古画の表現上の問題と思う。

大袖は左右の肩から上腕にのせるように着用するが、その姿を写実的に描こうとすると、描く角度によっては、片側（浄真寺本の場合は左）の冠板が線状になって表現しにくい。普通は冠板の裏側を立ち上がるように描くのだが、これでは肩口《かたぐち》が剝き出しになる。かといって線状に描けば、兜を着けぬ首筋が剝き出しになる。これでは、右側の冠板が、右の首筋から肩口を隠している様子が表現されるのに比べて物足りない。そこで、左の冠板の上端を捻り返して首筋に沿わせ、その左側も隠れるさまを表現したのだろう。ほぼ平らな冠板を、片方の上端だけ捻り返したのは、近代的遠近感や陰影による立体感の表現が普及する以前の絵画表現として、実に大胆なデフォルメである。

画像としてはめずらしい角度から描かれているこの大袖の重量感と、冠板の大胆なデフォルメは、力量のある絵師なら誰でも行えるのかもしれないが、むしろ、実際に大袖つきの甲冑を着慣れ、冠板が肩口から首筋を隠すことを実感している人間ゆえの表現とも言えるのではないか。この推測が正しければ、描いた人物はまさしく逍遙軒ということになる。

# 想像画と現実画

## 現実離れする信玄像

浄真寺本《じょうしんじ》が武田信玄像《たけだしんげん》（の模本）と知っても、たいていの読者は驚かないだろう。信玄の甲冑像《かっちゅう》などは、山ほどあるからである。通常の画像形式のほか、麾下《きか》の武将たちとともに描かれた「武田二十四将図」や、川中島《かわなかじま》合戦を描いた「川中島合戦図屛風《びょうぶ》」にも描かれたもの、さらに浮世絵《うきよえ》に描かれたものなど枚挙にいとまがない。床几《しょうぎ》に掛けるもの、敷皮に座るもの、泰然自若《たいぜんじじゃく》たるもの、上杉謙信《うえすぎけんしん》の太刀《たち》を軍配《ぐんばい》で受けるものなど、さまざまなバリエーションがある。甲冑姿がもっとも多く描かれた戦国武将であろう。

だが、これらと浄真寺本とは、リアリティにおいて決定的に違っている。浄真寺本以外の信玄甲冑像の風俗描写は、後世の人間が想像で描いたためと、ことさら威儀を高めようとしたため、現実離れしたものになっているのである。

具体例として、土佐光起《とさみつおき》（一六一七—九一）が元禄《げんろく》元年（一六八八）に描いた「土佐法眼《ほうげん》常昭《じょうしょう》行年《ぎょうねん》七十二歳図之（朱印）」の落款《らっかん》がある信玄像（山梨県立博物館蔵）をあげる（図24）。像主は甲冑の上に緋《ひ》の法衣と袈裟《けさ》をかけ、右手に数珠《じゅず》、左手に軍配を持ち、割菱紋《わりびしもん》の丸い前立《まえだて》に白毛のついた兜を被り、床几にかけている。江戸期の信玄像の一典型で、他の信玄像もおおむねこれと同様である。つぎに、それらの特徴を列挙する。

兜につく兜蓑《かぶとみの》は白毛か赤毛、前立は金か赤の日輪で、これに割菱紋を描く。地が金ならば紋は赤、赤ならば金にする。稀に日輪に「南無諏訪法性上下大明神《なむすわほっしょうかみしもだいみょうじん》」と書いたものがある。幕末の武者絵《むしゃえ》には獅子噛《しがみ》が多い（本書三五頁図6）。

胴は正面に弦走り韋《つるばしがわ》を張り、胸の左右に鳩尾《きゅうび》の板《いた》と栴檀《せんだん》の板《いた》を下げた大鎧《おおよろい》に似たものが多い。実際の大鎧の草摺《くさずり》は前後左右に一枚（一間《けん》と数える）ずつの四間《けん》で幅広だが、画像のそれはたいてい、幅が狭くて細分化されている。大袖はたいていの画像でつけている。その上に着た法衣の袖をたくし上げて大袖をつけたものもあるが、大袖を法衣の袖に入れているものもあり、いかにも動きにくそうである。

図24　武田信玄像（土佐光起筆）

前立（まえだて）に割菱紋（わりびしもん），口の端に小さな牙が見える．太刀の手貫の緒の大きな輪や両足の形が浄真寺本と共通していることにも注意　　（山梨県立博物館蔵）

## 仏像のような籠手と脛当

籠手は平安・鎌倉期の古風な形式に仏像の形式を折衷《せっちゅう》させたような、現実離れしたものが多い。この種の籠手は、すでに室町期の物語絵に見えるから、それが踏襲されたのだろう。信玄像では、籠手を両手に着けた諸籠手《もろごて》が普通だが、左手だけに着けた片籠手《かたごて》も見える。平安・鎌倉期には、弓矢の戦闘で危険が集中する左手だけに籠手を着け、弓を引きやすいように右手には籠手を着けぬ片籠手の風俗が定着していた。こうした場合、甲冑の下に着ている直垂《ひたたれ》の右袖は膨らんだままで、籠手を着けた左手とは、いちじるしい対照を見せている。

ところが、刀槍による戦闘の激化と大規模化とで、左手にも籠手を着ける諸籠手が普及した。そうなると、直垂の右袖だけが膨らんだ状態は廃《すた》れるのだが、想像画の信玄像には右袖だけが膨らんだものが多い。前述の榊原康政《さかきばらやすまさ》像（前掲八二頁図18）もそれである。

脛当《すねあて》は、籠手と同仕立てのものが普通である。平安・鎌倉期の脛当は脛の部分のみで、立挙《たてあげ》（膝頭の部分）がないが、薙刀《なぎなた》や槍《やり》で脚部の危険が増した鎌倉後期から、立挙のある脛当が登場する。とくに、立挙の大きなものを大立挙脛当《おおたてあげのすねあて》とよんでいる。室町期の甲冑像には、これを描いたものがほとんどで、その流行がうかがわれる。唯一、大内義興像に描かれた脛当のみ立挙がないが、これは、同時に着けた宝幢佩楯《ほうどうはいだて》の裾《すそ》が膝頭を保護しているからである。

当時の武将ならば絶対につけたはずの佩楯《はいだて》を、信玄像は絶対といってよいほどつけず、幅広い袴の膨らみを見せている。草摺の下になる佩楯を描くことは、いささか面倒であるし、画面がわずらわしくなることもあって、合戦屏風などでもたいていは省略される。むしろ洛中洛外図屏風《らくちゅうらくがいずびょうぶ》や祭礼図屏風《さいれいずびょうぶ》に描かれた祭礼行列の随兵《ずいひょう》のなかに、これをつけた者が多く見られる。過去の合戦を描いた想像画と、当世《とうせい》（現代）の祭礼を描いた現実画の違いである。

## 実戦には不向きな姿

手にはたいてい、数珠《じゅず》、軍配、采配《さいはい》などを持つ。桃山《ももやま》時代から江戸初期の武将画像には采配が多いが、信玄像では軍配が圧倒的に多い。これは信玄が上杉謙信《うえすぎけんしん》の太刀を軍配で受けたという俗説からきている。足には貫《つらぬき》を履《は》いたものが多い。馬上で足先を保護する貫は平安・鎌倉期に常用されたが、険粗な場所、とくに泥濘《ぬかるみ》や水中では活動に不便である。そこで身分の上下を問わず、徒歩《とほ》戦が当たり前になった鎌倉末期には、武将でも草鞋《わらじ》を履くようになった。伝・足利尊氏《あしかがたかうじ》像（後掲一三一頁図29。京都国立博物館蔵）の像主は鎌倉末〜南北朝期の最高級の武装をしているが、それでも草鞋履きである。したがって、室町後期には、細川澄元《ほそかわすみもと》や大内義興《おおうちよしおき》など守護大名《しゅごだいみょう》クラスの武将でさえ草鞋を履いている。

以上のように、江戸期の信玄像に描かれた風俗は、時代考証の不備と威儀を高める狙いとから、古風かつ非現実的なものになっている。描かれた甲冑も軽い感じがするし、動きにくそうな割に隙《すき》だらけである。こんな恰好で乱戦になったら、どうなることか。これらと浄真寺本の風俗描写には、まったくといってよいほど共通性がない。

## 鎧を着た不動尊

ところで、江戸期の信玄像には、左右の目玉が上下別々に向いているものや、一一六頁図24のように牙《きば》があるもの、口の端から牙が上下別々に突き出しているものが少なくない。これらは不動尊《ふどうそん》を真似たものである。『甲陽軍《こうようぐん》鑑《かん》』に記された信玄の不動尊信仰から、信玄自身が不動尊の再来として信仰の対象になったのである。信玄を生不動《いきふどう》と見立てることは、生前に起こったとされる。

恵林寺《えりんじ》蔵の鎧不動尊《よろいふどうそん》画像（一二〇頁図25）と同彫像は、逍遙軒《しょうようけん》が信玄の甲冑姿をモデルに制作したものと伝える。文化十一年（一八一四）成立の『甲斐国志《かいこくし》』巻之七五　仏事部第三の恵林寺の項には「不動ノ画一幅　逍遙軒筆　甲冑立像」とある。画像は絹本《けんぽん》著色《ちゃくしょく》で、火炎を光背《こうはい》にして岩座《いわざ》にのった不動尊の立像を描く。右手に剣を立て、左手には数珠を持つ。螺髪《らほつ》の先を乱した髪形で、目を怒らせ牙を剥《む》く。日本式の甲冑に袈裟をかけ、

図25　鎧不動尊（恵林寺蔵、歴史博物館信玄公宝物館保管）

腰刀を差し朱鞘《しゆざや》の太刀を佩《は》く。草摺《くさずり》や大袖の裾板《すそいた》には花菱紋《はなびしもん》が見える。手甲《てこう》のない籠手《こて》の座板にも花菱紋がある。

胴には中央に丸龍を大きく描いた弦走韋《つるばしりがわ》と、栴檀《せんだん》の板《いた》や鳩尾《きゆうび》の板《いた》がある。これらは大鎧特有のものだから、一見すると大鎧に見えるが、大鎧では四間（四枚）で幅の広い草摺が、ここでは細分されており、それぞれが六段、五段、七段と不揃いに描かれている。また通常三段の栴檀の板が四段あり、鳩尾の板は実例のない瓢簞形《ひょうたんがた》をしている。

大袖の冠板は、実物では前寄りが高くて角に丸みがあり、後寄りは低くて角張っているが、ここではそれが逆になっている。また右の大袖が六段なのに対し、左の大袖は七段以上と、アンバランスである。さらに威毛《おどしげ》の縄目《なわめ》の斜めの線が、実物は左下がりで浄真寺本もそのように描かれているのに、ここでは右下がりと逆になっている。大口袴《おおぐちばかま》のような幅広い袴の裾を靡《なび》かせる。脛当《すねあて》は立挙《たてあげ》がなく大きな菊座《きくざ》を打った仏像彫刻のそれに酷似したものである。足には貫を履いている。

この鎧不動尊について守屋氏は、甲冑に花菱紋があること、胴の龍文は信玄の朱印の龍文と同様であること、『甲斐国志』に信玄が作らせたとある不動尊木像（恵林寺蔵）の着衣にも龍文があることなどをあげて、逍遙軒が信玄をモデルにして描いたとの伝承を採られている。だが鎧不動尊の様々な特色は、江戸期の想像画の信玄像のそれと共通する。仏画としてある程度のデフォルメは許されるにせよ、逍遙軒のように武装の実際を熟知した人間の表現とは思えない。制作年代を含めて、伝承の再検討が必要であろう。

# 手本にされた信玄

成慶院《じょうけいいん》に逍遙軒《しょうようけん》筆の信玄寿像《しんげんじゅぞう》が存在したことを伝える『本朝画史《ほんちょうがし》』は、その図様を具体的に述べてはいないが、著者の狩野永納《かのうえいのう》は、それを知っていた可能性がある。狩野派や土佐派《とさは》に代表される当時の画壇では、自己の技術上達のためと、自己の作品の手本を得るためとから、先行作品の模写が盛んに行われたからである。ことに成慶院の信玄寿像は、甲冑像《かっちゅう》というめずらしさも手伝って、盛んに写され、絵手本として伝えられたであろう。

## 甲冑像の類似品

現に江戸期に描かれた甲冑像には、浄真寺《じょうしんじ》本の図様によく似た作品が散見し、それが手本になったことをうかがわせる。この考えに対しては「床几《しょうぎ》にかけた甲冑像が似るのは当然」との反論が出されるかもしれない。だが、たとえば、床几にかけた甲冑像として有名な本多忠勝《ほんだただかつ》像（個人蔵。後掲一五七頁図32）は、描く角度、手足の曲げ具合、道具立ての特異さなど、多くの点で浄真寺本の図様と共通点がなく、手本にしたとは考えがたい。その一方、浄真寺本の図様を手本にしたとしか考えられぬほど、酷似した作品もある。

その例として、仙台藩主伊達家《せんだいはんしゅだてけ》の菩提寺《ぼだいじ》である瑞巌寺《ずいがんじ》の宝物館蔵の五代藩主伊達吉村《よしむら》（一六八〇—一七五一）の画像（口絵参照）を紹介する。これには「古信筆（朱印）」の落款《らっかん》があり、狩野古信《ひさのぶ》（一六九六—一七三一）作とわかる。像主は烏帽子《えぼし》・甲冑姿で、床几に虎皮を置いて座る。浄真寺本では緋毛氈《ひもうせん》をはった虎皮の裏側を見せているが、ここでは表側を見せている。手足の曲げ具合などは浄真寺本そのままだが、扇のかわりに軍配を持つ。浄真寺本で左脇に置かれた兜立《かぶとたて》と兜は、背後に置かれる。

胴は黒塗りの鉄板を多用した、いわゆる仙台胴だが、藩主の着具らしく草摺《くさずり》や大袖《おおそで》は金である。浄真寺本の甲冑表現の特徴の一つに、左の大袖の冠《かんむりのいた》板を中途から外側に捻《ひね》り返したように描くことがあるが、この画像でもその影響が見られる。ただし、捻り返す位置は浄真寺本のそれより低く、普通の折冠《おりかんむり》と同じだから、そうした物を描いたといえぬでもないが、左の大袖だけが折冠というのはやはり不自然だし、なによりも画像のモデルになった吉村の甲冑（口絵参照。仙台市博物館蔵）の大袖が左右とも平らな冠板なのである。それを左だけ折冠に描いているのは、浄真寺本の図様を写したためだろう。

ただし、作者の狩野古信がまず浄真寺本を直接模写し、ついで吉村像を描いたとは考えにくい。古画の模写が当時の画壇の常識で、それを手本に新たな作品を描くこともまた常識だったことや、古信に先行する狩野永納の『本朝画史』に高野山に逍遙軒の信玄寿像があると明記されていることを考えると、すでに狩野家に浄真寺本と同じ図様の模本があり、それを手本に古信が吉村像を描いた可能性のほうが高いと思う。

### 瑞巌寺の仙台藩主像

瑞巌寺には吉村像以外にも、六代から十二代までの歴代藩主の甲冑像が寄進されており、これらの甲冑像は、すべて浄真寺本の図様を手本にしている。

① 六代藩主伊達宗村《むねむら》（一七一八—五六）像　菊田栄羽古行《きくたえいうひさゆき》筆

金の風折《かざお》り烏帽子に黒塗りの甲冑姿。右手に赤い日輪《にちりん》を描いた黒塗りの軍配《ぐんばい》を持つ。豹皮の貫を履く。ポーズは浄真寺本と同じだが、兜立にかけた兜は背後に置く。床几に敷皮は敷かない。左の大袖の冠板は、その裏側を普通に描くが、最上段の小札《こざね》の板を急角度に捻り、浄真寺本に似た表現をしている。描かれた甲冑の実物は、仙台市博物館に現存する。菊田古行は仙台藩の絵師（画員）。

② 七代藩主伊達重村《しげむら》（一七四二―九六）像　土井山城守《どいやましろのかみ》利徳筆

金の風折り烏帽子に黒塗りの甲冑姿（図26）。草摺や大袖は金。右手に赤い日輪を描いた黒塗りの軍配を持つ。豹皮の貫を履く。ポーズは浄真寺本と同じで、兜立にかけた兜も像主の左脇に置く。床几に敷皮は敷かない。ふくらんだ直垂《ひたたれ》の右袖を見せる

図26　伊達重村像
重村（しげむら）は仙台藩７代藩主．筆者の土井山城守利徳は，像主の異母弟である
（宮城県・瑞巌寺宝物館蔵）

ところは古式である。左の大袖の冠板は、浄真寺本と同じく中途から捻り返している。土井利徳は伊達宗村の子。

③　八代藩主伊達斉村《なりむら》（一七七四―九六）像　土井山城守利徳筆

金の風折り烏帽子に黒塗りの甲冑姿。草摺や大袖は金。右手に赤い短冊《たんざく》のついた采配《さいはい》を持つ。豹皮の貫を履く。ポーズは浄真寺本とは逆の、向かって左向きだが、顔は右向きに曲げる。兜をかけた兜立を背後に置く。床几に敷皮は敷かない。左右の大袖の冠板は普通に描く。大鎧《おおよろい》特有の栴檀《せんだん》の板《いた》と鳩《きゅう》尾《び》の板《いた》をつけ、ふくらんだ直垂の右袖を見せる。

④　九代藩主伊達周宗《ちかむね》（一七九六―一八一二）像　荒川養湖惟光《あらかわようここれみつ》筆

金の風折り烏帽子に黒塗りの甲冑姿（図27）。草摺や袖は金。右手には金地に赤い日輪を描いた軍扇を開いて持つ。豹皮の貫を履く。ポーズは浄真寺本と同じだが、顔は左向きに曲げる。兜をかけた兜立を左脇に置く。床几に敷皮は敷かない。左右の袖は大袖より幅が狭く、撓が入る。冠板は折冠《おりかんむり》。その実物は、仙台市博物館に現存する。荒川惟光は仙台藩の絵師。幕府奥絵師である狩野養川院惟信に師事した。

⑤　十代藩主伊達斉宗《なりむね》（一七九六―一八一九）像　荒川養湖惟光筆

金の風折り烏帽子に金小札の甲冑姿。胴の正面に弦走りをはる。右手に赤い日輪を描いた黒塗りの軍配を持つ。豹皮の貫を履く。ポーズは浄真寺本と同じで、兜をかけた兜立も左脇に置く。床几に敷皮は敷かない。左右の袖は大袖より幅が狭く、撓が入る。冠板は折冠。

図27　伊達周宗像
周宗（ちかむね）は仙台藩9代藩主．図26と同様に，伊達家歴代藩主の甲冑像には，浄真寺本の影響が顕著である
（宮城県・瑞巌寺宝物館蔵）

⑥　十一代藩主伊達斉義《なりよし》（一七九八—一八二七）像　菊田伊徳《きくたいとく》栄茂筆

金の風折り烏帽子に黒塗りの甲冑姿。草摺や袖は金。右手に金地に赤い日輪を描いた軍扇を開いて持つ。豹皮の貫を履く。ポーズは浄真寺本と同じで、兜をかけた兜立を左脇に置く。床几に敷皮は敷かない。左右の袖は大袖より幅が狭く、撓が入る。冠板は折冠。ただし、左の冠板は浄真寺本と同様に中途から折る。菊田栄茂は仙台藩の絵師。

⑦　十二代藩主伊達斉邦《なりくに》（一八一七—一八四一）像　菊田伊徳栄茂筆

金の風折り烏帽子に黒塗りの甲冑姿。草摺や袖は金。右手に黒地に赤い日輪を描いた軍配を持つ。豹皮の貫を履く。ポーズは浄真寺本と同じだが、兜をかけた兜立は背後に置く。床几に敷皮は敷かない。左右の大袖の冠板は普通に描く。

## 仙台藩主像の変遷

六代藩主宗村から十二代藩主斉邦まで概観した七点の画像には、浄真寺本の影響が明らかである。吉村以前の像主の画像は、いずれも束帯《そくたい》像だから、伊達家の画像に浄真寺本の図様を持ち込んだのは、狩野古信《かのうひさのぶ》だったのかもしれない。ちなみに、初代藩主伊達政宗《まさむね》（一五六七—一六三六）には、狩野探幽《たんゆう》（一六〇二—七四）が墨で描いた甲冑姿の騎馬像がある（一三〇頁図28。仙台市博物館蔵）。

守屋正彦氏はこれを伝・足利尊氏像とされる騎馬武者像（一三一頁図29。京都国立博物館蔵）と同系列とされており（『近世武家肖像画の研究』七〇頁）、その理由を、足利義尚《あしかがよしひさ》像や細川澄元《ほそかわすみもと》像の馬の軽やかなステップに比較して、伝・尊氏像とされる騎馬武者像の馬が疾駆しており、政宗像の馬もまた同様である、と述べている。

なるほど、義尚像や澄元像の馬の姿には共通性があるが、これらと、伝・尊氏像とされる騎馬武者像や政宗像の馬の姿には共通性がない。だが、他の画像と共通性がないからといって、伝・尊氏像と政宗像を同系列としてよいものだろうか。

というのは、政宗像の馬が駆けている姿なのに対し、伝・尊氏像の馬は腰を落とすとともに、左前足をまっすぐに延ばしてブレーキをかけており、疾駆していない。こうしたポーズの違い一つをとっても、両者に共通性は認められない。

そもそも、この小さく縦長の政宗像は、探幽が墨の濃淡を活かして筆を走らせたもので、画像の上部には政宗が自作の和歌を自筆で記した短冊を貼っている。この画像の軽妙洒脱さは、伝・尊氏像のような精緻で濃密な騎馬甲冑像とはまったく別種であり、伊達家歴代藩主の精緻で濃密な画像とも違っている。伝・尊氏像や歴代藩主像には、仏間での礼拝供養に用いられるだけの格式があり、政宗像には居間に気軽に掛けられるような温もりがあ

図28　伊達政宗像

政宗（まさむね）が自作和歌「出るより入る山の端はいづくぞと月にとはまし武蔵野の原」の自筆の短冊を貼ることを前提に，狩野探幽（かのうたんゆう）に描かせたとみられる．政宗の周囲の円窓（えんそう、丸い空間）は月をかたどったものか．通常の画像とは一線を画す軽妙洒脱な作品．これを図29と同系の作品とする説があるが，人馬のポーズといい，筆づかいといい，全体の雰囲気といい，両者の違いは明らかである　（仙台市博物館蔵）

図29　騎馬武者像
伝・足利尊氏像とされている．甲冑像の初見．手綱を絞られてブレーキをかけた馬の左前足と，像主の逆向きの足（後掲156頁参照）に注意　　（京都国立博物館蔵）

る。表現方法の根本的な違いを無視して、画像どおしが同系列か否かを云々しても始まるまい。

浄真寺本の図様を手本にしたのは伊達家ばかりではない。つぎに、これを手本にしたと思われる画像を列挙する。

## 増殖する信玄

① 池田恒興《いけだつねおき》像　鳥取県立博物館蔵

織田信長《おだのぶなが》と豊臣秀吉《とよとみひでよし》に仕え、天正《てんしょう》十二年（一五八四）の長久手《ながくて》合戦で討死した。画像には「自適斎《じてきさい》（朱印）」の落款があり、狩野尚信《なおのぶ》（一六〇七―五〇）筆とわかる。浄真寺本と違い、兜を被った頭部を正面に向けるが、床几にかけた全体のポーズや手足の曲げ具合など浄真寺本に近似する。この原本と見られるものが保坂潤治氏蔵として『大日本史料』十一の六に掲載されている。これには寛永《かんえい》十九年（一六四二）の十輸知《じっかんち》哲《てつ》の賛《さん》があり、浄真寺本の図様を手本にした比較的古い画像として注目される。

② 宝蔵院胤栄《ほうぞういんいんえい》像　高松松平家蔵

宝蔵院流槍術《そうじゅつ》の祖師《そし》像と箱書にある。四代藩主松平頼豊《よりとよ》（一六八〇―一七三五）筆。浄真寺本と同じポーズで床几にかけるが、坊主頭で甲冑の上から緋の法衣と袈裟《けさ》を着け、十文字槍を持つ。太刀の佩《は》き添《そ》えとして、鐔《つば》をつけぬ長大な打刀《うちがたな》を差しているところは、浄真寺本の図様に共通する。甲冑の上から緋の法衣と袈裟を着けるのは、江戸期の信玄像の特徴で、その影響と思われる。ちなみに頼豊の正室は、甲府城主、柳沢吉保《やなぎさわよしやす》の叔母である。また、吉保の子で宝永《ほうえい》六年（一七〇九）から享保《きょうほう》九年（一七二四）まで甲府城主だった吉里《よしさと》は絵画に巧みで、典型的な信玄像（恵林寺蔵）を描いている。この信玄像は、その軸頭の銘文から信玄百五十回忌の享保七年に描かれ、寄進されたと思われる。

③　安国寺恵瓊《あんこくじえけい》像（額）　彦根市・龍潭寺《りょうたんじ》蔵

浄真寺本と同じポーズで、大立挙脛当《おおたてあげのすねあて》の輪郭線など浄真寺本に酷似する。浄真寺本に描かれたものに似た三鍬形《みつくわがた》の兜を被《かぶ》る。浄真寺本と同じく床几に虎皮を裏にしてかける。兜に白熊《はぐま》をつけ、袈裟をかけるなど、江戸期の信玄像に共通する点も多い。裏面に「安国寺」の貼札があり恵瓊とされるが、信玄像として描かれたものかもしれない。なお、三鍬形を描いた江戸期の画像は稀で、浄真寺本の図様を写したものと、楠木正成《くすのきまさしげ》所用とされる信貴山朝護孫子寺《しぎさんちょうごそんしじ》蔵の三鍬形の兜（『集古十種《しゅうこじっしゅ》』所収）を写した正成像とに大別される。

④　赤松圓心《あかまつえんしん》像　兵庫県・法雲寺蔵

図30　上杉謙信像（模本）
謙信の画像には概して宗教色が濃い．これもそのひとつだが，ポーズ自体は浄真寺本の信玄像に共通する
（京都大学総合博物館蔵）

正徳《しょうとく》五年（一七一五）の賛がある。甲冑姿で頭巾《ずきん》を被り、袈裟をかけ、右手に采配を持ち、交椅《こうい》（背もたれつきの折り畳み椅子）にかける。兜は右脇の兜立にかける。顔の向き、手足の曲げ具合、刀剣の位置など浄真寺本に酷似する。

⑤　上杉謙信《うえすぎけんしん》像模本　京都大学総合博物館蔵（図30）

浄真寺本と同じポーズ。甲冑姿で頭巾と法衣を着け、右手に軍配を持って床几にかける。兜は描かれない。像主の右手前に旅装の老僧を描く。画像上部に、原本は浅草新鳥越の宝蔵院の什物《じゅうもつ》で謙信の孫、上杉定勝《さだかつ》（一六〇四―四五）筆の写しとある。この二人一組の図様は他にもある。また、老僧を省き、謙信一人の画像もある。なお、高野山無量光院《こうやさんむりょうこういん》蔵の同図様の画像の箱書に「上杉不知識公《ふしきこう》（＝謙信）画像　或《あるいは》武田信玄公之像歟」とあり（『新潟県史』通史編2・中世、新潟県、一九八七年）、この図様が本来は信玄であった可能性を示唆する。

以上のように浄真寺本の図様は、多くの画像の手本とされており、この図様が流布したことを示している。一一六頁図24の信玄像も、この図様を手本にしたと思われる。

## 成慶院本を手本にした例

これに対し、成慶院本の図様を手本にした画像は少ない。その一つとして、石田三成の重臣、島左近の画像（個人像）を紹介する。

像主は黒地の素襖を着て上畳に座る。左脇に太刀とその台、背後に鎧《よろい》櫃《びつ》、兜立と兜、馬印《うまじるし》、幟旗《のぼりばた》が描かれる。痩身で顔にも肉づきがないので、一見すると成慶院本の像主とは共通性がないようだが、皺の位置、頭の形、髭や眉毛の配置など、成慶院本の影響が見られる。また、畳扇を持った右手や袋物（巾着）を下げた左手の位置と握りかた、腰に差した腰刀の角度など、成慶院本にそっくりである。

島左近像は、天保三年（一八三二）に狩野永岳《かのうえいがく》（一七九〇—一八六七）が描いたものだが、描かれた太刀とその台や、兜の形状など、いかにも江戸時代的であって、古い左近像またはその模本を写したものとは考えにくい。成慶院本を手本に想像で描いたものだろう。

なお、島左近像の袴から覗く右足の爪先は、胡座《あぐら》をかいたときの形状なのに対し、袴は成慶院本と同じく正座したときの形状（膝頭の出っぱりがうかがえる）で、矛盾している。直垂や素襖の画像の場合、像主は胡座が原則で、成慶院本のような正座はめずらしい。島左近像の場合も、普通の胡座で描くつもりが、成慶院本を手本にしたため、正座した像主の袴まで描いてしまい、そこに矛盾が生じたのだろう。この島左近像については、山下善也氏（静岡県立美術館学芸員）の御教示を受けた。

このように、成慶院本を手本にした画像は、江戸後期から登場する。つまり、成慶院本の図版を掲載した『集古十種』が成立した寛政十二年（一八〇〇）より古い画像は見あたらないのである。このことは、成慶院本は『集古十種』の図版が世間に出るまでは、無名の存在であったことをうかがわせる。

# 床几にかけた甲冑像

# 出現は江戸期か

## 浄真寺本への評価

私がはじめて浄真寺《じょうしんじ》本を武田信玄《たけだしんげん》像として紹介した論考は「謎の武将画像」（『別冊歴史読本』一九八三年四月号）である。この時すでに、風俗描写の特色と、像主とされた吉良頼康《きらよりやす》の経歴、信玄像と伝える同図様の模本の存在など、主要な論拠はすべて開示した。さらに、二〇〇〇年三月に刊行した『鎧をまとう人びと』でもふれている。したがって、私の成慶院《じょうけいいん》本の像主非信玄説を否定するには、これらの典拠の不備を突き崩すか、より明確な典拠をもって成慶院本の像主信玄説を証明することが必要になるのだが、私がもっとも強く指摘した風俗描写の特色（とくに武装が信玄にふさわしいこと）について、具体的な批判はない。

かといって、成慶院本の像主信玄説の主張者が、浄真寺本を信頼できる信玄像と認めたわけでもなく、私の指摘は無視された状況にあった。その理由は、浄真寺本のような床几にかけた甲冑像という形式自体、江戸期になって出現したという説があるからである。

**宮島氏の江戸期成立説**

これについて宮島新一氏は、その著書『肖像画の視線』（一九九六年、吉川弘文館）で、つぎのように述べられている。氏はまず、室町期以来の甲冑《かっちゅう》騎馬《きば》像が江戸期の十七世紀中にも描かれた例として、寛永《かんえい》元年（一六二四）の賛のある黒田長政《くろだながまさ》像（福岡市美術館蔵）、慶安《けいあん》三年（一六五〇）の没年の賛のある金森重頼《かなもりしげより》像（龍源院蔵）、寛文《かんぶん》二年（一六六二）以前に描かれた成瀬正虎《なるせまさとら》像（白林寺蔵）、延宝《えんぽう》七年（一六七九）に描かれた高木正秀像（妙源寺蔵）などを挙げられたうえで、

これにかわって馬には乗らないで床几などに腰かけた甲冑像が描き始められる。（中略）正保二年（一六四五）の賛がある「沢村大学像」（熊本市・成道寺）、正保四年（一六四七）の賛がある幸田町・本光寺の松平家忠（一六〇〇年没）・忠一（一六一五年没）像を始めとして以後は枚挙に暇がない。おそらくこのあたりがこの種の画像の制作が始まった年代を示唆しているのであろう。（中略）私が眼にした範囲ではこの種の甲冑画像に関する限り、桃山時代までさかのぼる作例はないようである。したがっ

て高野山の成慶院に伝わる武田信玄像が具足をつけて鎧櫃に腰かけている画像（模本）も、形式からみて原本自体が十七世紀中ごろ以降の江戸時代に入ってから描かれたもので、加藤秀幸氏が言うようにこれこそ確かな信玄像とすることはできない。

ここに「鎧櫃《よろいびつ》に腰かけている画像」とあるが、正しくは「床几に敷皮を敷いて腰かけている」である。また「加藤秀幸氏が」云々とあるのは、加藤氏が前掲「武家肖像画の真の像主確定への諸問題」上・下（『美術研究』三四五・三四六）のなかに、浄真寺本と同図様の、東京大学史料編纂所蔵の模本の写真を信玄像として掲載したことを示す。（四六頁）

加藤氏はまた鈴木敬三氏編集解説の『古典参考史料図集』（国学院高等学校、一九八八年）にも同図様の模本が掲載されていることにもふれており、「世田谷区浄真寺所蔵　伝吉良頼康像はこれらの模本を本としたのであろうか」とされている。だが、これらの簡略で若干写し崩れのある模本から、浄真寺本のような迫真的な画像が描けるとは考えがたい。また加藤氏は、この図様に信玄像との伝来があることを述べただけで、風俗描写の分析から推論するといった具体的な作業はされていない。

前掲の引用文で宮島氏は、自身の知るかぎり、床几にかけた画像形式は江戸期に成立したと述べられた。氏は『武家の肖像』（『日本の美術』三八五、至文堂、一九九八年六月）でも、

成慶院には鎧櫃に腰掛けた信玄の甲冑像の模写があり、文書に見える寿像はそちらだとする説が近年出されているが、この種の甲冑像は江戸時代に入ってからしか描かれなかったので、勝頼が成慶院に贈った信玄の寿像は、やはり長谷川信春の印があるこの像ということになる　（三三頁）

と述べられている。宮島氏の画像自体の分析を伴わぬこの形式論は、守屋正彦氏に受け継がれる。守屋氏は前掲『近世武家肖像画の研究』で加藤秀幸氏のあげた東京大学史料編纂所所蔵の模本や『古典参考史料図集』所収の模本をあげたうえで、

加藤氏の示したこの画像はその制作が江戸時代、恐らくは十七世紀の後半以降に描かれた画像のように推察され、原本が仮にこのようであるとするならば肖像画の厳格な形式が崩れだした近世の気分が画風に反映しているように見受けられるのである。

## 形式論の踏襲

このように美術史の表現形式による制作時期の経験的な判断だけではなく、より明快な論点を示すならば、この画像を以って肖像画、また寿像と言えるのであろうか。

加藤氏はこの画像について掲載はしたものの明言は避けている。（一六七頁）

と述べられている。ここで守屋氏が、これを「肖像画、または寿像と言えるのであろうか」と問いかけているのは、江戸期に想像で描かれた多くの信玄像と同一視しての発言である。したがってこれと同図様の浄真寺本を、私が「逍遙軒が描いた信玄像の模本であり、その原本は成慶院の什物であった」としたことも批判されており、

本画像の制作時期は江戸も寛文以降をおよその端緒と考えるのが無理のない解釈であろう。（一六九頁）

と結論づけられている。守屋氏は同書で、床几にかけた甲冑像という形式が江戸期のものと再三述べられたが、その根拠はあげられていない。ただ、同書の結語で「私はこの像主確定論で示された論考に対する駁論を執筆するにあたっては宮島新一氏の解釈に示唆を得た」（四三六頁）と述べられているから、宮島氏の形式論を踏襲したということになろう。

ところが、守屋氏の著書刊行からわずか一年後に、当の宮島氏が前言を完全に撤回してしまったのである。

## 浄真寺本のあらたな評価

私は前著『鎧をまとう人びと』のなかで、浄真寺本を詳細に解説するとともに、天文《てんぶん》八年（一五三九）の賛がある美濃兼山城主の斎藤正義（一五一六―四八）の画像（口絵参照。浄音寺蔵）をつぎのように紹介した。

> 甲冑姿で床几にかけた最古の画像は浄音寺蔵の斎藤正義《まさよし》（一五一六～四八）像である。正義は近衛家の出で、斎藤道三の猶子。二十四歳で美濃金山《（兼山）》城主になり、三十三歳で暗殺されている。天文八年（一五三九）の明叔和尚の賛から二十四歳の寿像とわかる。肩衣か胴衣に黒韋肩白威らしい大袖付き胴丸・喉輪・篠籠手・大立挙脛当を着け、素足に草鞋ばきで床几にかける。太刀を佩き打刀を差す。武具の金物は梅鉢《うめばち》紋で統一されている。等身大に近い画像で精悍な風貌に威圧される。これにつぐのが東京の浄真寺蔵の画像模本。吉良頼康像との伝来があるが、武装の特色などから、前述のように武田信玄の寿像とみられる。これらの像主が着用する武具は、室町期の様式そのもので、近世に普及定着した当世具足ではない。そこに上級武士層が支える伝統の重さが感じられる。　（二五二頁）

このように述べた上で、拙著の末尾に、

馬には乗らず、床几《しょうぎ》や鎧櫃《よろいびつ》に腰掛けた姿の甲冑画像は、すべて江戸期のものとする説があるが、天文《てんぶん》八年（一五三九）の斎藤正義《まさよし》画像や浄真寺蔵の伝・吉良頼康画像（信玄画像）は床几に腰かけている。（二七二―二七三頁）

とつけ加えた。つまり『肖像画の視線』や『武家の肖像』で、床几にかけた甲冑像はすべて江戸期のものとされた宮島氏に、再考を促したのだった。なお、この画像は、郷土史家で甲冑研究家の吉田幸平氏が「美濃国浄音寺　斎藤大納言正義画像」（『甲冑武具研究』五・六合併号、一九六四年十二月）で紹介されている。

拙著に触発されたものか、宮島氏は浄真寺本を実見されたらしく、二〇〇三年に刊行された同氏の著書『長谷川等伯』（ミネルヴァ書房）には、

信玄像は信春印のある画像ではなく、模本に逍遙軒筆と記されている、床几に腰掛ける具足姿の武士像だ、とするのが藤本正行氏の説である。模本には成慶院什物とあるものの現存が確かめられないために、時代判定を含む詳しい検討ができなかったが、その原本が東京世田谷区の浄真寺に現存することがわかった。ただし、この画像については早くに荻野三七彦《おぎのみなひこ》氏が『吉良氏の研究』に掲載している。そこでは「江戸中期をさかのぼらない模本で、箱に〈吉良頼康〉と記されているのも信頼できない」とされていることから、あまり顧みられなくなったのだろう。（三九頁）

と述べられている。ここには「あまり顧みられなくなったのだろう」とあるが、じつは私は『吉良氏の研究』に掲載された浄真寺本のモノクロ写真に触発されて研究を始めた。この画像が古くかつ優秀なことは、この写真からでも明らかである。

## 吉良頼康像と浄真寺

『長谷川等伯』の引用を続けよう。

吉良頼康は世田谷城主で、北条氏綱の娘を内室に迎えている戦国時代の武将である。命日は永禄四年十二月五日と伝える。浄真寺は吉良氏の家臣大平氏の居館のあとに延宝六年に開創されたというから、画像は他所からもたらされたことが明らかであるが、もとは同じ浄土宗で頼康の菩提寺の勝光院《しょうこういん》にあったのであろうか。像主は先にも述べたように珍しい姿をしていて、ユニークな武士像が多い関東の中でも異彩を放っている。筆致から室町時代末の作品としてよく、没年にふさわしい。筆者は従来この形式の画像はすべて江戸時代のものとしてきたが、この像の出現で訂正を迫られることになった。新たな作品の出現によって前言の撤回に追い込まれることは、避けることができない。だが、それに怯んでいるようでは新しい見解を打ち出すことはできない。それよりも、床几に腰掛ける武将像の真の像主が判明したことで、信春印のある方が信玄像としてより信憑性が増したことの方が喜ば

しい。（四〇頁）

宮島氏は浄真寺本を、永禄四年（一五六一）に没した吉良頼康の画像の原本と断定された。前述のとおり、画像はしばしば葬式写真のように用いられるから、像主の没後すぐか、一周忌、三回忌などに作られることが多い。だから、画像が頼康の没年ころに作られたということが、像主を頼康とする可能性の一つにはなる。ただし、これはあくまでも可能性の一つにすぎず、それを主張するには確かな論拠が必要である。

それはともかく、床几にかけた甲冑像はすべて江戸期のものとする宮島氏の従来の説は、このように訂正され、同時に、この点に関しては、宮島説に全面的に依拠していた守屋氏の説も成り立たなくなってしまったのである。

## 室町期の騎馬甲冑像

そこで床几にかけた甲冑像が登場する経緯を考えよう。それには先行する室町期の騎馬甲冑像を知る必要がある。足利《あしかが》家《け》の菩提寺《ぼだいじ》である等持寺《とうじじ》に、尊氏《たかうじ》の騎馬の甲冑像があったことが、『碧山日録《へきざんにちろく》』寛正《かんしょう》三年（一四六二）十月八日の条などに見える。京都国立博物館蔵の『駿馬図《しゅんめず》』の賛に、尊氏自身がモデルになって等持寺の山門の前で画像を描かせたとあるのも、この画像のことであろう。この画像は所在不明だが、模本と思われるものが、神奈川県立歴史博物館にある（図31）。

図31　足利尊氏像（模本）
容貌は理想化された近世美男子のそれだが，風俗的特色は南北朝期のもの．古い画像（の模本）を江戸期に写したことが明らかで，原本は等持寺の尊氏像と思われる
（神奈川県立歴史博物館蔵）

応仁《おうにん》の乱《らん》の西軍の将の一人、大内政弘《おおうちまさひろ》（一四四六―九五）は、上洛の際に「等持院殿甲冑尊像一幅」を入手して乗福寺に納めるが、その寄進状《きしんじょう》には「武家として渇仰《かつごう》、他に異ならず候段、定めて御存知の前に候哉」とある（『防長風土記』）。当時、世間周知の尊氏の甲冑像が存在し、武家が崇敬していたことがわかる。それが等持寺の騎馬甲冑像であることは、前掲の『碧山日録』はじめ室町期の諸史料により認められる。政弘が京都で入手したのはその模本であろう。つぎに永正《えいしょう》四年（一五〇七）の細川澄元《ほそかわすみもと》（一四八九―一五二〇）の騎馬甲冑像（永青文庫蔵）の賛に見える「尊氏甲冑留像」も、この画像を指す。

さらに、等持寺の画像は、延徳《えんとく》元年（一四八九）に陣没した足利義尚《あしかがよしひさ》像を、母親の日野《ひの》富子《とみこ》が狩野正信《かのうまさのぶ》（一四三四―一五三〇）に描かせた際、手本にするため持ち出されている（『蔭涼軒日録《いんりょうけんにちろく》』延徳三年〈一四九一〉四―五月条）。富子が描かせた義尚像は所在不明だが、諸大名により、ほぼ同時期に写されたものの一つとみられるものが地蔵院にある。

尊氏像の馬は、神馬《しんめ》のように四足を延ばし、不動の姿勢を示すが、義尚像の馬は前後の片足をあげて悠然と闊歩《かっぽ》している。この形状が定型化したらしく、前述の細川澄元像、永正八年の大内義興《おおうちよしおき》（一四七七―一五二八）像（模本・山口県立山口博物館蔵）、同年代とみられる小笠原宗益《おがさわらそうえき》（赤沢朝経。一四五一―一五〇七）像（個人蔵）など、永正年間（一五〇四一一二）に近似した騎馬甲冑像が描かれる。この流れは益田元祥《ますだもとよし》（一五五八―一六四〇）像（個人蔵）や黒田長政《くろだながまさ》（一五六八―一六二三）像（福岡市博物館蔵）など江戸期まで続いている。

このように見てくると、甲冑像制作史の初期段階（鎌倉期以前にそれが描かれた記録はない）で尊氏が騎馬で描かせたことが、その後の展開に影響したことがうかがえる。したがって、尊氏が『蒙古襲来絵詞《もうこしゅうらいえことば》』（宮内庁三の丸尚蔵館蔵）の少弐景資《しょうにかげすけ》のように鎧櫃にかけた姿で描かせたら、室町末期までの甲冑像は騎馬武者ばかりという状況は変わっていたであろう。

## 乗馬から床几へ

床几にかけた甲冑像の初見は、天文八年（一五三九）の斎藤正義像（口絵参照）で、このころから甲冑像に変化が起こったようである。

その理由を考えよう。

まず、手間と費用がかからぬことがある。甲冑姿を描くだけでもむずかしいのに、その騎馬姿を描くのはさらにむずかしい。尊氏は自らモデルになって騎馬姿を描かせたというが、普通は像主にとっても絵師にとっても、こういう手間も費用もかかることは、ありがたくない。永正年間（一五〇四―二一）の騎馬甲冑像は乗馬姿が自然で、馬も堂々と闊歩しており、絵師の技量の高さ（費用の高さに通じる）をうかがわせる。ところが、時代が下るに従い、武家のあいだで画像が普及し、高級武将以外にも描かせる（描かれる）ようになり、こうした画像の注文者の身分の広がりで注文が増加すると、注文者の予算の低下と絵師の技量の低下が起こる。そこで、手間も費用もかからぬ、乗馬しない甲冑像が描かれることになる。

つぎに、足利義尚、細川澄元、大内義興らの騎馬甲冑像は、像主の特定の出陣または凱陣を主題にしており、騎馬姿に必然性がある。反対に特定の出陣または凱陣を主題にしなければ、騎乗しなくともよい。さらに室町末期には、武将は馬上で戦うという建前自体が失われており、騎馬姿に必然性がなくなったのである。

軍陣用具として床几が普及したことも一因であろう。『平治物語絵詞《へいじものがたりえことば》』中世絵画に見える甲冑姿の武将は、鎧櫃にかけるか（『蒙古襲来絵詞』）、敷皮に座るか（『平治物語絵詞』）するのが普通で、床几にかけた例としては、室町後期の土佐光茂《とさみつしげ》筆『由原八幡縁起絵巻《ゆすはらはちまんえんぎえまき》』（柞原《ゆすはら》八幡宮蔵）に見えるものが比較的古いようである。本来は仏具である床几が、その簡便さから臨時に利用することは早くからあったと思われるが、軍陣用具として普及したのはこのころであろう。床几にかける甲冑像が登場する素地ができたのである。ちなみに、斎藤正義像の床几は木製素地の簡単なものだが、浄真寺本のそれは、黒塗りで金の金具を用いた高級品である。

さらに、戦闘の増加で甲冑姿がめずらしくなくなってきたこともあげられよう。直垂《ひたたれ》や素襖《すおう》姿に比べて、甲冑姿は異例であり、像主や遺族の希望や了解がなければ普通は描かれなかったと思われる。斎藤正義像は寿像であり、浄真寺本もまた信玄の寿像とみられるから、像主の希望や了解があったことになる。信玄の場合、弟の逍遙軒と兄弟の感性が一致して甲冑像が描かれたのだろう。室町末期に画像の注文者が増えるのと比例して、甲冑像のような特異な画像を描かせる（描かれる）人間も増えたはずである。泰平の江戸期ではなく、戦闘が続いた室町末期に、床几にかけた甲冑像が出現したのは、歴史の必然と言うべきである。

# 浄真寺本の吉良像説

宮島新一氏の、浄真寺《じょうしんじ》本の像主を吉良頼康《きらよりやす》とする新説の論拠は「筆致から室町時代末の作品としてよく、その没年にふさわしい」というだけで、画像の内容は一切検討されていないため説得力を欠く。しかるに氏は浄真寺本について「真の像主が判明したことで、信春印のある方が信玄像としてより信憑性が増した」とされ、さらに伝来についても、「浄真寺は吉良氏の家臣大平氏の居館あとに延宝六年に開創されたというから、画像は他所からもたらされたことが明らかであるが、もとは同じ浄土宗で頼康の菩提寺の勝光院にあったのであろうか」とされている。

## 勝光院と浄真寺

世田谷区世田谷の勝光院《しょうこういん》の院号は、頼康の法号「勝光院殿脱山浄森居士」からとったもので、頼康死後の天正十年（一五八二）に、養子の氏朝《うじとも》が頼康のために建立したものという（勝光院過去帳裏書）。したがって、浄真寺本が勝光院にあった頼康像とすれば、それが勝光院から出ることは問題で、さらにそれが同院から四キロメートルの浄真寺に移ったとすれば、それなりの説明が必要である。宮島氏は勝光院と浄真寺が「同じ浄土宗」であったとして、その関係を暗示するが、浄真寺は浄土宗《じょうどしゅう》で、勝光院は曹洞宗《そうとうしゅう》である。一説にその前身は臨済宗《りんざいしゅう》の龍鳳寺という寺院であったともいうが、いずれにしても禅宗である。

したがって、少なくとも同宗の関係で画像が浄真寺に納まったとはいえない。また、甲冑像という特異な画像が像主自身の菩提寺に伝来していたならば、江戸期の地誌などに記録されそうなものだが、それも見あたらない。

さらに吉良頼康のような有名でない人物の、有名ではない所蔵者のもとにあった画像の図様が世間に流布し、伊達家歴代の画像をはじめ、多くの画像の手本になることなどあるだろうか。この画像の原本が、高野山伝来の信玄寿像だったからこそ、図様が世間に流布し、手本になったと考えるべきであろう。

## 甲冑像の先例

浄真寺本の像主を吉良頼康とするには、他にも難点がある。まず、これが甲冑像という特異な画像であることである。前述のように甲冑像が描かれた人びとには、その戦歴など描かれる必然性がある。しかし、頼康にはこれといった戦歴がなく、北条氏綱《ほうじょううじつな》の娘婿として、その庇護下にあったと考えられるから、甲冑像で描かれる必然性はない。しかもその武装には、高級というだけではなく、実戦感が横溢《おういつ》しているから、頼康ではなく信玄にふさわしい。

また、宮島氏は浄真寺本について「像主は先にも述べたように珍しい姿をしていて、ユニークな武士像が多い関東の中でも異彩を放っている」とされた。浄真寺本を吉良頼康像と考え、関東に引きつけられたのであろうが、甲冑姿で床几にかける画像の例に、前述の美濃の斎藤正義像（口絵参照）がある。浄真寺本の特異な図様を、関東に引きつけるのはむずかしい。これら二つの画像は、甲冑の胴を着け、兜は被らず、床几にかけるなど、一応は共通しているものの、描く角度（ほぼ正面か否か）、手足の曲げ具合、大腿部を描くか描かぬかといった肝心の点が違っており、一方が他方の手本になったとは思えない。また、草摺《くさずり》の撓《ため》の表現一つを取っても、正義像が平面的で素朴な感じがするのに対し、浄真寺本は立体的で上手に描かれている。さらに浄真寺本が、構造的に複雑でもっとも描きにくい、宝幢佩楯《ほうどうはいだて》から大立挙脛当《おおだてあげのすねあて》にかかる部分を見事に再現しているのに対し、正義像は佩楯を含む大腿部を省略しており、草摺からいきなり大立挙脛当に続けている。大胆なデフォルメに感心するが、絵師の手間が省けたことも確かである。これらの点で、二つの画像の共通性のなさと、絵師の技量の差は明らかだろう。

## 足の描きかた

浄真寺本では左足をやや前に出し、右足をくの字に折っているが、斎藤正義像では左足を真っ直ぐに下ろし、右足はやはりくの字に折っている。つまり二つの画像とも、両足の角度を変えて変化をつけている。床几にかけた人物をほぼ正面から描いたのだから、足はほぼ正面が描かれるはずである。ところが正義像の足は左右とも内側が完全に見えている。これは、踏ん張った足を誇張して描いたわけだが、その開きかたが極端なので、現代人には不自然な印象を与えるかもしれない。ところが、古画ではこれが当たり前の表現なのである。というのは、当時は足を正面からは描かないという習慣があったからである。

不審なかたは、鎌倉期以後の絵巻物から、正面に向いた足を捜していただきたい。容易に見つからないことに唖然《あぜん》とされると思う。これは、当時の絵の描きかたが、もっぱら線を用いており、西洋近代絵画のように陰影をつけて立体感を出す習慣がなかったためだろう。物体の立体感を線だけで表現しようとすれば、その物体をもっともそれらしく描きやすい角度から描く必要が生じる。それが足ならば、正面よりも側面のほうが、それらしく描くことができる。そのため、足を正面からは描かないという習慣が生じたのであろう。ちなみに、平安期の『伴大納言絵詞《ばんだいなごんえことば》』や『信貴山縁起《しぎさんえんぎ》』には、さまざまな角度から足がそれらしく描かれており、これらの絵巻の古さと優秀さとを示している。また、円山応挙《まるやまおうきょ》（一七三三―九五）、渡辺華山《わたなべかざん》（一七九三―一八四一）、蠣崎波響《かきざきはきょう》（一七六四―一八二六）ら抜群の観察力と写実力をもった江戸期の斬新な絵師の作品や下絵や模写や絵手本などに、足を正面から墨線だけで、それらしく描いたものが見られる。これらは、筆という筆記用具の特性を活かして、墨線を太い細いの差をつけながら勢いよく走らせ、立体感を出しているのである。

## 現代人には不自然

当時の足の描きかたに、不自然な印象を受ける現代人は多い。たとえば、京都国立博物館蔵の伝・足利尊氏とされる騎馬武者像（前掲一三一頁図29）の左足は、馬の進行方向とは完全に逆向きに描かれている。これを異様に感じたかたたから、像主の負傷の表現とする説が出されたが、これも像主が鐙《あぶみ》を踏ん張ったさまを誇張的に描いたものにすぎない。

また、宮島新一氏は『武家の肖像』の本多忠勝《ほんだただかつ》像（図32。個人蔵）の解説で、巨大な鼻や鋭い目つき、御歯黒に染めた歯を剥き出した口の形は能面に近く、真横に

図32　本多忠勝像
本多忠勝（ほんだただかつ）は徳川家康の重臣．画像は江戸期だが，描かれた甲冑は桃山期の高級品の特色をよく表現しており，風俗描写も的確である　　（個人蔵）

開いた足の形も人工的で、生前の姿を写したものとは思われない。他の甲冑像同様、一七世紀後半の作であろう。

と述べられている。本多忠勝（一五四八―一六一〇）は家康麾下《いえやすきか》の歴戦の武将である。画像の足は確かに真横に開いており、人工的に見えるかもしれないが、これも踏ん張った足の表現としてめずらしいものではない。ただ、浄真寺本などに比べれば、多少は不自然だが、これは、絵師の違いに帰せられるべきだろう。

この画像のモデルとされる鹿角脇立《かづのわきだて》の兜《かぶと》をつけた甲冑も伝来するが、細部の手法が一致せず、描かれたものより時代が下ったものと見られる。画像と実物の違いから、画像は想像で描かれたとする甲冑研究家もいるが、甲冑の表現は写実的で、桃山期の雰囲気を伝えている。とくに兜は『磐城志料《いわきしりょう》』に掲載された古様な鹿角脇立の兜と合致する。実物がなければ、これほどまでに写実的な絵画表現は不可能であろう。宮島氏はこれを十七世紀後半の作とするが、床几にかけた甲冑像はすべて江戸期とする形式論によるもので、その原本（現存する画像には模本の可能性がある）は十七世紀初頭を下らぬと思う。

それはともかく浄真寺本の足、とくに投げ出し気味の左足の表現は、この角度から足を描いた画像が少ないとはいえ、稀に見るリアルさで見事というほかはない。さらに、この足に着けた大立挙脛当も、実物のアウトラインを巧みに捉えているとともに、鉄板の合わせ目が裾のところでわずかに隙間を作るという、実物の微細な特徴まで再現しており、絵師の知識の深さが感じられる。前述のように、この図様を写した江戸期の絵画は多いが、その表現は浄真寺本のそれに遠く及ばない。

## 花菱紋のゆくえ

話をもどそう。浄真寺本の像主を吉良頼康とする説の最大の難点は、画像に描かれた花菱紋《はなびしもん》である。花菱紋は武田家の家紋で、一方、吉良家は足利一門だから、家紋も桐紋《きりもん》か二引両紋《ふたつひきりようもん》である。もっとも、画像を描くのに、他家の画像を手本にする場合があり、その際、紋章だけを自家の家紋に描き換えることがある。また、すでにある画像の家紋だけ描き換えて、別人の画像とすることもある。したがって、この画像も、その点が注意されるが、描き換えはないようである。

また、宮島氏自身が、これを原本と断定されているのに従えば、少なくとも写しの際の描き換えを考えなくてよいことになる。すなわち、花菱紋も最初から描かれていたことになる。そこで像主を吉良頼康とすると、花菱紋が描かれた理由の説明が必要になる。ところが宮島氏は、この画像の花菱紋について、説明はおろか、存在自体についてさえふれていない。これでは、像主を吉良頼康とする主張は認めがたい。

さらに、浄真寺本の像主を吉良頼康とすると、なぜ同じ図様の模本に「高野山の什物で逍遙軒の描いた信玄寿像」などと記載したものが多数あるのかが、わからなくなるのである。

# 信春は信玄を描けたか

# 絵師と像主

## 信玄と信春の対面

成慶院《じょうけいいん》本の刀剣の、丸に二引両紋《ふたつひきりょうもん》と像主の髷《まげ》が、像主非信玄説の主な論拠だが、いま一つ、信春《のぶはる》の落款《らっかん》の問題がある。長谷川信春、のちの等伯《とうはく》は、能登七尾《のとななお》出身の絵師で、天文八年（一五三九）に生まれ、慶長十五年（一六一〇）に死んでいる。一方、武田信玄《たけだしんげん》は甲斐《かい》の守護大名《しゅごだいみょう》で、大永《だいえい》元年（一五二一）に生まれ、元亀《げんき》四年（天正元年、一五七三）に死んでいる。

信玄の在世時における信春の行動で確認されているのは、北陸方面で活動していたことである。また後述のように、信玄の晩年には京都に出ていたとの説もあるが、甲斐は勿論、信濃《しなの》、駿河《するが》、遠江《とおとうみ》、美濃《みの》、三河《みかわ》、上野《こうづけ》など信玄の領国内に足を延ばした形跡はない。一方の信玄も、北陸方面や京都に出向いたことがない。同時代人とはいえ、二人の人生はすれちがいだった。もっとも、誰かが描いた信玄像（模本や下絵も可）を手本にして、信春が信玄像を描いた可能性もないわけではない。ところが、信玄の側には、信春に信玄像を注文する動機も機会も見あたらないし、信春が信玄を描く必然性も見あたらない。

さらに重大なことは、成慶院本の迫真的な描写から見て、絵師が像主を実際に見て描いたものと考えられていることである。美術史家の山根有三氏は「等伯研究総論」（『桃山絵画研究』〈山根有三著作集六〉中央公論美術出版、一九九八年）で、成慶院本について「明らかに対看写照《たいかんしゃしょう》の寿像（絵自体から）と思われ」（三〇七頁）とし、また信春・等伯の肖像画中の最高傑作とされているが、おおかたの美術史家の意見も同様であろう。「対看写照」とは、想像で描いたり、他人の先行作品を写したりするのではなく、像主に対面して描くことで、当然、より迫真的になる。

したがって、成慶院本を「対看写照の寿像《じゅぞう》」とするならば、信春と信玄を対面させぬかぎり、像主信玄説は成り立たないことになる。そこで、像主信玄説の主張者は、いかに二人を対面させるかに苦心している。

信玄と信春の対面の事情について、上野晴朗氏は『甲斐武田氏』（新人物往来社、一九七二年）で、

> 本法寺の肖像画にも見られるように信春の家が熱烈な法華《ほっけ》信者《しんじゃ》であり、おそらくは身延山詣《みのぶさんまい》りの節に甲斐に入り縁故が生まれたのではないかと思う。（一七二頁）

## 仲を取り持つ人びと

とされ、また土居次義氏は『秘宝七　高野山』（講談社、一九六八年）の作品解説で、

> 勝頼は、禅僧賢叟宗佐《けんそうそうさ》と交渉が密であったと伝えられるが、賢叟は、等伯と親交のあった大徳寺《だいとくじ》の春屋宗園《しゅんおくそうえん》の弟子であったから、勝頼は、賢叟か春屋の紹介で信春時代の等伯と相識り、父信玄の寿像を描かしめたのかもしれない。（三五五頁）

とされた。

つぎに宮島新一氏は「武家風俗画と肖像画」（『日本美術全集十八　近世武将の美術』学習研究社、一九八〇年）で、信玄と交際の深かった快川紹喜《かいせんじょうき》の高弟で、師とともに甲斐に下り、のちに京都妙心寺《みょうしんじ》に入った南化玄興《なんかげんこう》の名をあげ、玄興が関係した妙心寺、祥雲寺、隣華院などに等伯の作品があることを指摘されたうえで、

> 若き等伯を信玄に紹介したのは、この南化玄興ではなかったかと、推測するものであ

（一七六頁）

る。

とされている。

さらに守屋正彦氏は前掲『近世武家肖像画の研究』（一九七—二一〇九頁）で、信玄（一五二一—七三）の夫人は三條公頼《さんじょうきんより》（一四九五—一五五一）の娘であり、一方、信春は公頼の父、実香《さねか》（一四六九—一五五九）の息子の日堯上人《にちぎょうしょうにん》（一五四三—一五七二）の画像（本法寺蔵）を描いている。つまり日堯上人と信玄の夫人は叔父・姪の関係であるから、そこに関係が生じたのではないかとされている。

以上は、それぞれに興味深いが、要するに像主が信玄であることを前提にしての推論であり、像主が信玄であることを証明するものではない。それを混同して像主信玄説が証明されたように錯覚するかたが少なくないのは残念である。実際には、これらの推論を直接裏づける史料は見あたらない。つまり、信春と信玄の直接的な接点は何もないのである。そのことは、信玄と成慶院本とのあいだに、直接的な接点がないことをも意味する。

## 長谷川派と諏訪氏の関係

信玄と信春の関係捜しが嵩じると、推論も大いに飛躍する。宮島氏は「武家風俗画と肖像画」（『日本美術全集』十八）で、

等伯の子、久蔵が描いた朝比奈草摺曳之図《あさひなくさずりびきのず》の絵馬が清水寺に現存し

ているが、その願主は信州諏訪休庵である。絵馬が寄進された天正二十年には、それまで信州の地を支配していた武田氏は滅んでいるが、諏訪氏は武田氏と姻戚関係にあった。この絵馬も、長谷川派と甲信地方の武将の結びつきを証する資料といえよう。

（一七六頁）

とされている。守屋氏も『近世武家肖像画の研究』で、享保三年（一七一八）刊行の『万《ばん》宝全書《ぽうぜんしょ》』掲載のこの絵馬の図をあげ（後掲一七一頁図36）、つぎのように述べられている。

京都清水寺所蔵のこの絵馬の奉献は「天正廿壬申《じんしん》年卯月《うづき》十七日」とあるように一五九二年（天正二〇）のことである。この当時、武田氏が天正十年に滅び、翌十一年三月二十八日に、徳川家康より諏訪頼忠《すわよりただ》に諏訪郡が与えられている。頼忠の兄頼豊は信玄の使番《つかいばん》十二人衆のひとりで勇名を馳せ、同年三月に戦死し、同月に弟の頼忠が諏訪を領有することとなったのである。これを踏まえるならば、休庵が誰を指すかは明らかではないが、諏訪氏に関わる人が長谷川久蔵にこの絵馬を依頼したことになるのであり、彼ら長谷川派と武田氏との関わりがなかったとは言い切れないのではないだろうか。

（一八二頁）

この絵馬は（図33）、縦一八一センチ、横二三一センチ（『絵馬―清水寺―』清水寺、一九八一年）

図33　朝比奈草摺曳図

仇討ちで有名な曾我五郎（右）が，和田義盛（わだよしもり）の酒宴に招かれた兄十郎の身を案じ，酒宴中の座敷の外に現れる．ただならぬ気配を感じた義盛の息子の朝比奈（左）は，座敷に入るようにと，五郎の甲冑の草摺を引くが，五郎は踏ん張って動じない．力くらべのあげく草摺が引きちぎられたという『曾我物語』の勇壮な一場面．五郎の着る大鎧と腹巻を混同したような絵空事の甲冑は，懐古的な表現として室町期に現れ，のちに普及，定着した．朝比奈の袴の見事な鶴の文様と，太刀の柄を握り潰さんばかりの五郎の握りこぶしに注意

（京都市・清水寺蔵）

の大作である。画題の朝比奈草摺曳とは、仇討《あだう》ちで有名な鎌倉時代の武士、曾我五郎《そがごろう》の甲冑の草摺を、朝比奈三郎が引いたあげく、ちぎってしまったという大力同士の勇壮な話である。作者の久蔵（一五六八—九三）は、長谷川等伯の長男で、『本朝画史《ほんちようがし》』は彼の力量を「画をなすに清雅父に過ぐ、家流能く及ぶ者無し」と評している。清雅の風は久蔵の真筆である東京国立博物館蔵の「大原御幸図屛風」にうかがえるが、清水寺の絵馬は雄渾闊達《ゆうこんかったつ》、まさに武者絵の傑作で、その才能が多岐にわたったことがわかる。久蔵の作品として確実なものはこの二点のみで、他に京都智積院《ちしやくいん》蔵の障壁画の一部などがそれと見なされている。作品が少ないのは、文禄二年（一五九三）六月十五日に二十六歳で没したためで、まことに惜しい。

絵馬は、向かって右に曾我が立ち、左に朝比奈が腰をかがめ、曾我の草摺を引いている。右端の上方に「奉掛御寶前」と縦に書かれ、その下に曾我の持つ太刀の柄を挟んで「畫図」「之事」と二行に書かれ、二行目の「之事」に続けて「願主信州諏訪休庵敬白」と書かれている。また、左の上端には「天正廿壬申年卯月十七日」と縦に書かれ、その下に朝比奈の刀の鞘を挟んで「長谷川久蔵筆」と書かれている。もっともこれらの銘文は、実物から全文が判読できるわけではない。屋外に掲げられる絵馬の常として、保存のよくないところがあるからである。

たとえば、「願主信州諏訪休庵敬白」のところなど、肉眼ではまず確認できない。したがって、上記の銘文は、正徳六年（一七一六）刊行の京都の絵馬集『花洛絵馬評判《からくえまひょうばん》』の付図（一七〇頁図34）のようなこの絵馬を紹介した江戸期（現在よりは銘文がよく読めたはず）の諸文献を参考にしている。もっとも諸文献には精粗の差があるし、誤りもある。

## 絵馬の実物と図版の違い

たとえば実物では右端の上方に普通の大きさで縦に書かれている「奉掛御寶前」が、『花洛絵馬評判』の付図では画面上部に大きく横書きされている。「奉掛御寶前」を大きく横書きに書くことは、江戸期の絵馬の一般的なやりかただから、先入観でこうしてしまったのだろうか。また「畫図之事」と「敬白」がない。さらに、「卯月十七日」を「卯月廿七日」、「長谷川久蔵筆」を「長谷川久蔵十七才」と読み違えている。絵師が朝比奈草摺曳の図自体を写し取るのに熱心で、銘文にはそれほど気をつかわなかったのか、編者や版元の責任なのかは定かでない。

これに比べれば、文政二年（一八一九）から四年に刊行された、京都の絵馬の集大成『扁額規範《へんがくきはん》』の付図（一七〇頁図35）は、銘文の配置や字の大きさが実物に近いし、「休庵敬白」や「長谷川久蔵筆」を正しく読んでいる。ただし、「信州諏訪」を「信州諏本」と

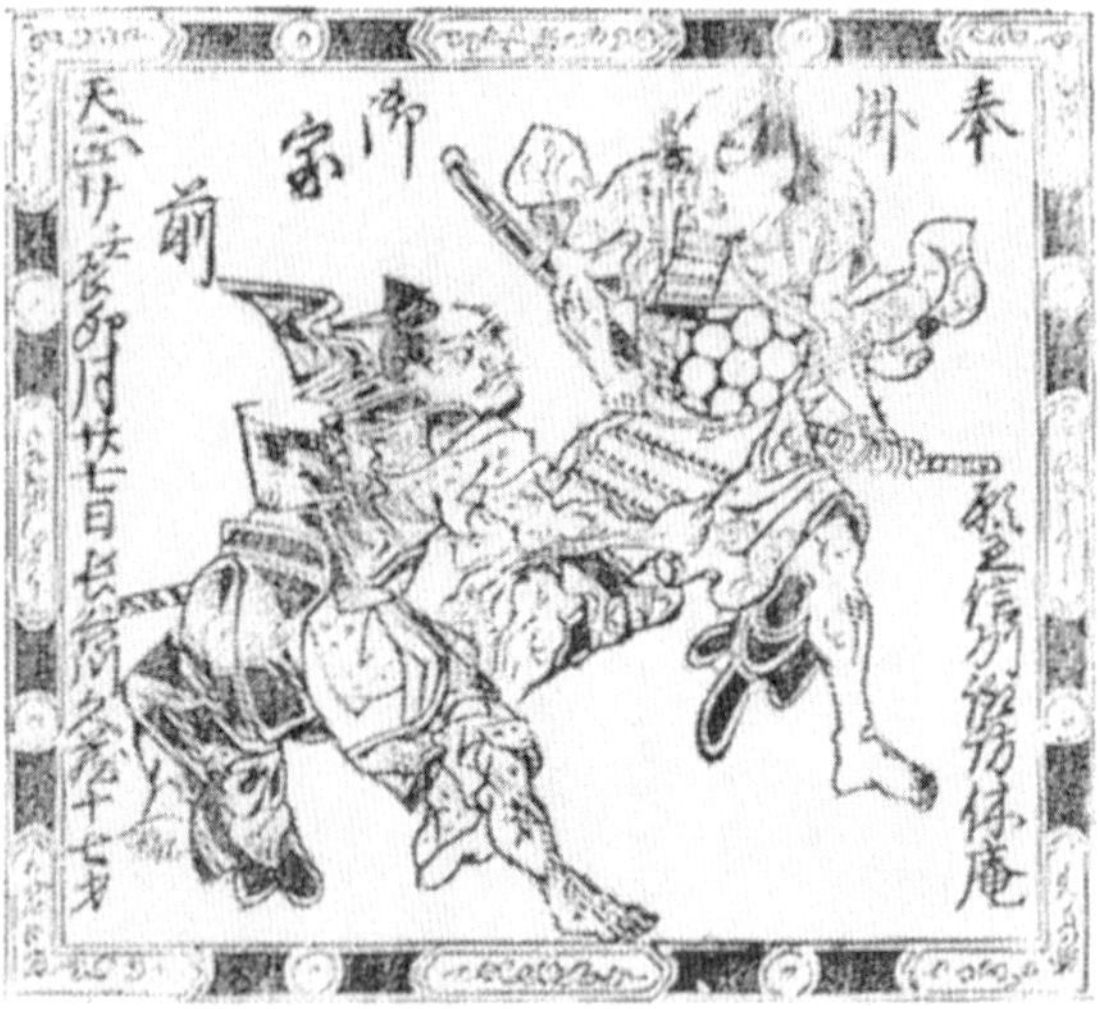

図34　『花洛絵馬評判』に掲載された朝比奈草摺曳図

図35　『扁額規範』に掲載された朝比奈草摺曳図

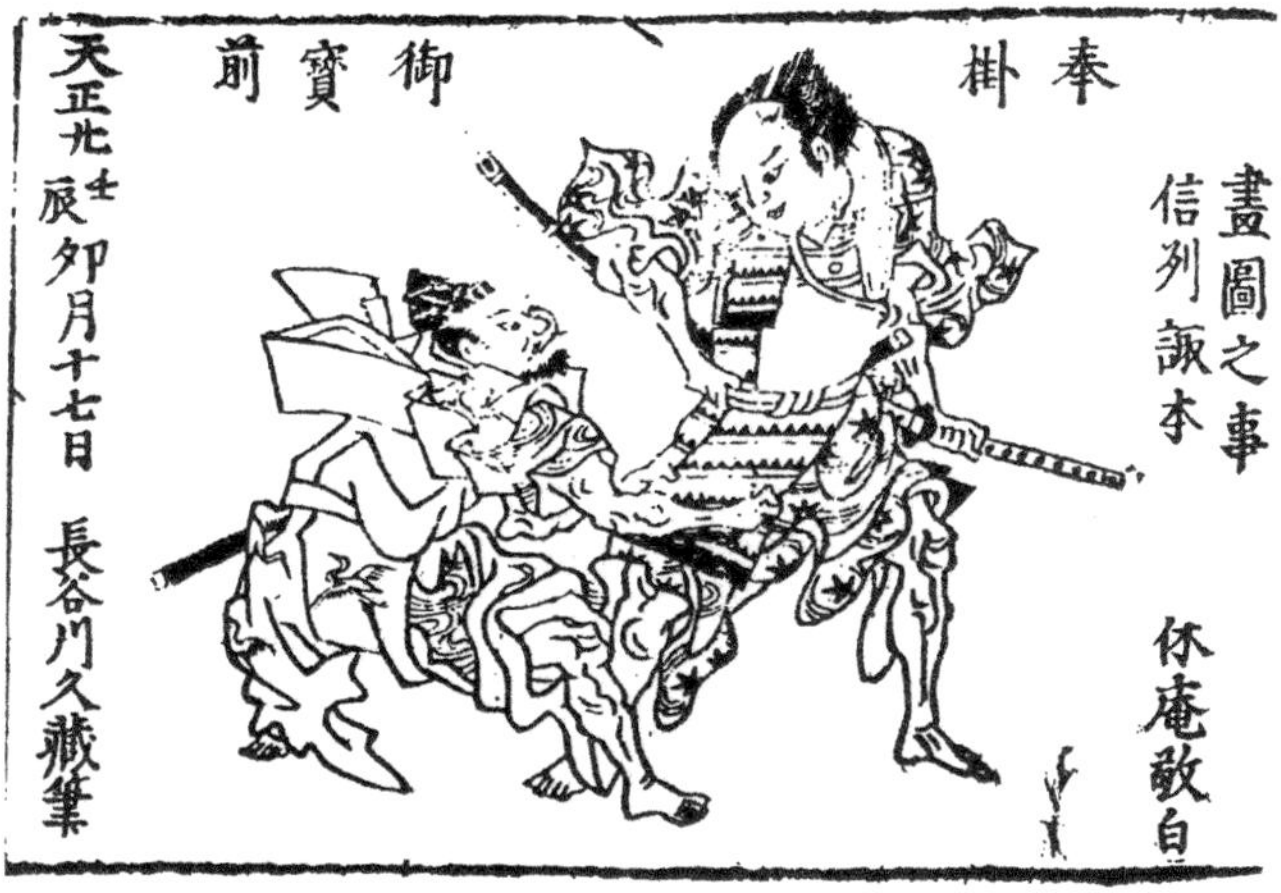


図36　『万宝全書』に掲載された朝比奈草摺曳図

するなどの誤読もある。これらの箇所は、実物でもとくに痛みが激しく判読困難なところだから、誤読もやむを得まい。『扁額規範』の朝比奈草摺曳の図自体ははなはだ精緻で、よく実物を写し取っている。浮世絵の隆盛で木版技術が発達した結果である。一方、『花洛絵馬評判』の付図は、それほど写実的ではないかわりに、初期浮世絵らしいおおらかさが感じられる。

　これらに比べて、守屋氏があげられた『万宝全書』の付図（図36）は、かなり簡略で不正確なところが見受けられる。とくに、朝比奈の袴に描かれた鶴は、実物を写したとは思えないほど形も向きも悪い。銘文も、「奉掛御寶前」を画面上部に横書きに書いているほか、「畫図之事」と「信州諏訪」を二行に書き、その下に余白を挟んで「休庵敬白」と書いている。

ところで、宮島氏や守屋氏は、長谷川派と諏訪氏との関係を述べるために、この絵馬を紹介されたのだが、その解釈に従って諏訪を姓とした場合、「信州諏訪」などと書くことがあるだろうか。諏訪が地名だからこそ「信州」と書いたのではないか。さらに決定的なのは、武田家滅亡後も諏訪を領していた諏訪氏は、天正十八年（一五九〇）に上野総社《こうづけそうじゃ》に転封《てんぽう》になり、日根野高弘《ひねのたかひろ》（一五四〇―一六〇〇）が諏訪の領主になっていることである。絵馬の年紀の天正二十年に、諏訪氏は信州諏訪にはいなかったわけで、「諏訪氏に関わる人が長谷川久蔵にこの絵馬を依頼したことになる」はずがない。

その後、宮島氏は諏訪氏転封の事実に気づかれたのか、『長谷川等伯』では、

**日根野氏と文禄の役**

仮に信州の諏訪氏だとすると、諏訪氏の本宗家は天正十一年（一五四二）に武田信玄に滅ぼされている。しかし、織田信長の死後ただちに諏訪頼忠が旧領を回復したものの、天正十八年に関東に移封されている。仮に、頼忠が休庵のことならば、旧領復帰を願ってということになろう。幸いなことに、頼忠は慶長六年（一六

〇二）になって諏訪の旧地に戻ることが叶っている。　（一二八頁）

と述べられている。

絵馬の年紀は天正二十年（文禄元年、一五九二）四月十七日だが、同月十三日には文禄《ぶんろく》の役《えき》の戦闘が開始されている。絵馬の制作はこれと関係があるのではないか。文禄の役の準備が具体化したのは前年八月ごろだから、これ以後、武運長久を祈願して武者絵の絵馬を久蔵に注文した人物が現れてもおかしくはない。その一人が清水寺の絵馬の願主の休庵であったと思う。

さて、天正二十年三月には、文禄・慶長の役の基地で、豊臣秀吉の御座所でもある肥前《ひぜん》名護屋《なごや》城《じょう》が、ほぼ五ヵ月の突貫工事で完成する。その際、豊臣家は久蔵を含む絵師に対して大量に注文をしたはずである。『太閤記《たいこうき》』巻十三「高麗陣《こうらいのじん》に就《つ》き掟の条々」の条に、名護屋城中の襖絵《ふすまえ》の内容が記されており、そのなかに「山里御座の間、児童の色絵有、長谷川平蔵これを図す」とある。この平蔵は、等伯の長男の久蔵の誤記とされる。つまり、長谷川久蔵は豊臣家の注文に応じて同じ名護屋城山里丸の御座の間の仕事をしたのである。なお、久蔵は文禄二年（一五九三）に二十六歳で没している。

ところで、最初に渡海した豊臣軍の主力は西国大名で、東国大名は待機組にまわった。

彼らは、天正二十年の初めには京都・大坂方面に進出し、三月ごろに順次名護屋城に移っている。前述の日根野高弘も待機組で、御留守居《おるすい》衆《しゅう》の一人として名護屋城に駐屯するが、それまでは京都・大坂方面にいたはずである。したがって、日根野氏の関係者が長谷川久蔵に絵馬を注文したとしても不都合はない。少なくとも、絵馬の願主の休庵を、諏訪氏と考えるよりは蓋然性があるように思う。

長谷川久蔵の絵馬は、長谷川信春と武田信玄を結びつける証拠にはならないが、つぎに述べる事情から、絵画を考えるうえで重大な問題を提起している。

**絵師をへこませた染物屋の下女**

井原西鶴《いはらさいかく》（一六四二―九三）の随筆集『織留《おりどめ》』の一節を引用しよう。

総じて絵馬は万人の目にかかれば、かりそめながら大事の物なり。都の清水に長谷川長蔵が筆にて五郎朝比奈が力くらべを書けり。此袴のまちのひだ折たる上に心もなく舞鶴の紋がら書たる所、猪熊の染物屋の下女が見出して洛中是沙汰になり、長蔵一生是をわずらいけるとなり。

文中の長蔵は久蔵の誤りで、「五郎朝比奈が力くらべ」の絵馬は前述の絵馬のことであろう。この絵馬について、京都猪熊の染物屋の下女が「袴の舞鶴の紋が、ひだを無視して描かれているのがおかしい」と言ったことが京都で評判になったため、久蔵は一生気にかけたという。

この絵馬が、その巨大さと迫力、それに清水寺という大衆の集まる場所に掲げられたため、評判になったことは確かで、江戸期の文献にもこれに関する記事が散見する。久蔵が一生気にかけたとは大げさにも見えるが、彼は絵馬を描いた翌年に没したから、時間的には可能性がないわけではない。

ただし、衣服のひだやしわを無視して文様や紋章を描くことは、当時としては当たり前のことである。現に、本書で取り上げた成慶院本をはじめ、浅井久政像、織田信長像なども、程度の差こそあれ、ひだやしわを無視している。染物屋の下女（実在の人物ということを前提にする）の発言くらいで、久蔵が動揺したとは思えない。

## 江戸時代人の絵画論

こうした世間の批判に対する公家の近衛家熙《このえいえひろ》（一六六七—一七三六）の反論が、『槐記《かいき》』の享保《きょうほう》十三年（一七二八）六月二十二日の条に、つぎのように見える。

如右申シ上ラレシハ、清水ノクサスリ引ハ、如何様《いかよう》ニモ見コト也、五郎カ刀ヲ持シ手ノ中ニ柄《つか》ハナシ、朝比奈カ鶴ノ丸ノ素袍《すおう》ノヒタヲカマワス書キタルコト、古今ノ評ナリト申スト申上ラレシカバ、其評ナド大俗論也、アチノ画ノ評ニモアルコト也、サヤウノ評ハ画ニハナキコト也、左ヤウニ理窟（ママ）ヲ立テテ書ケハ、始《はじめ》ヨリ画ノ精神ハナシ、生ウツシトテ、花鳥ナトノ生タル物ヲ前ニ置テ書ヲ生カキト云テ、ウツシエニスルニハ、曽《かつ》テ精神ノナキモノ也、総《そう》シテ画ハ、筆力精神ヲ専《もっぱら》トスル故ニ、理窟（ママ）ヲ跡カラツケテ評判スルハ、画ヲシラヌ批判ナリト仰ラル、

家熙は書道、茶道、華道、香道にすぐれ、絵画にも精通した当代一流の文化人である。渡《わた》辺始興《なべしこう》（一六八三—一七五五）を御抱《おかかえ》絵師としてとりたて、狩野派、琳派、古典的大和絵などさまざまな分野で開花させたのも彼の功績であろう。家熙の絵画観は、主治医であった山科道安《やましなどうあん》が記録した『槐記』にくわしい。前掲引用文中の「五郎カ刀ヲ持シ手ノ中ニ柄ハナシ」とは、太刀の柄を握っている五郎の左手を、強く握りしめた形に描いたため、掌のなかに柄がないように見えることをさす。また、「朝比奈カ鶴ノ丸ノ素袍ノヒタヲカマワス書キタル」とは、前述のように、袴のひだを無視して鶴を描いたことをさす。こうした点への批判に対し、家熙は絵画の精神がわからぬ者の大俗論であり、理屈をつけて批判するのは、絵画を知らぬ者の批判であると言い切っている。

私は、この家熙の指摘を理にかなったものと思う。なるほど、五郎の掌のなかには柄が

ないようにも見えるが、力強く握りしめた拳の圧倒的な迫力が、そうした理屈を吹き飛ばしている。また、袴のひだにあわせて鶴を描くほうが、リアルなのかもしれないが、それでは鶴の文様の優美さは表現しにくいだろう。

家煕が批判した絵画の精神云々はともかく、もともと当時の日本絵画の技法は、理屈どおりに表現するのに向いていないし、絵画のよしあしが理屈にかなっているか否かで決まるものでもない。成慶院本にせよ、浄真寺本にせよ、その風俗描写は前述のように詳細で、感動さえ覚えるほどだが、この描写がすべて理屈にかなったリアルさで貫かれているわけではないし、誇張や省略による実際との相違を数え上げればきりがないだろう。ただ、他の作品に比べれば、当時の絵画手法の範囲内でリアルなのであり、同時に誇張や省略が美術的効果を発揮しているのだ。絵画とはそういうものである。

同様な表現をしている多くの絵画のなかで、久蔵の絵画のみが理屈にあわぬと批判されたのは、この絵馬の大衆性と絵師の名声とによるものであろう。もっとも、久蔵の絵画にリアルなところがないわけではない。太刀の形状などは、じつに正確である。久蔵の父、等伯の描いた成慶院本の太刀もまた正確だから、父譲りの才能といえようが、彼が日ごろからデッサンを十分に行い、抜群の写実力を身につけたことも確かである。だからこそ、見る者に感動を与えるほどの思い切ったデフォルメも可能になったと思う。観察力や表現力が乏しいからとか、杜撰《ずさん》な性格だからとかの理由で、理屈にあわぬ絵を描いたわけではないのである。

久蔵の絵馬が与える感動は、染物屋の下女には伝わらなかった。そのことを少々残念に思う。だが、日ごろから衣服の生地の文様について、人一倍気にかけていた彼女には、ひだを無視して文様を描いたことへの批判が自然に出たのではあるまいか。理屈を前提としてのこうした批判を家熙は認めないが、リアルな表現とは何かという問題を提起したことで、彼女の存在は大きいし、納得しがたい気持ちを率直に述べたとすれば、正直な人間と言えなくもない。いずれにせよ、久蔵の絵馬は、江戸時代にしてはめずらしい絵画論まで引き出してくれたのである。

# 反信長同盟の証拠品

## 鷹と袋物と腰刀

前述のように、宮島新一氏は快川紹喜《かいせんじょうき》の高弟で、甲斐《かい》にいたこともある南化玄興《なんかげんこう》が長谷川信春《はせがわのぶはる》を信玄に紹介した人物と推定されていたが、最近、『長谷川等伯』にまったく別の推論を発表された。氏はまず成慶院《じょうけいいん》本に見える、像主の傍《かたわ》らに描かれた鷹（厳密に言えば隼《はやぶさ》）と、下げた袋物と、二引両紋《ふたつひきりょうもん》のある腰刀の三点に注目し、

これらはいずれも進物ではないだろうか。この画像はそれらを確かに手にしたという証拠品と考えたい。（四一頁）

とされた。また、描かれた時期を、信玄が「京都進軍」（宮島氏の呼びかただが、実際の目

的地が京都か否かは検討を要する）を開始する元亀《げんき》三年（一五七二）九月以前とされたうえで、進物の贈り主たちについて、つぎのように述べられた。

信玄の京都進撃は、足利義昭《あしかがよしあき》、本願寺《ほんがんじ》、朝倉氏と武田氏の四者からなる織田信長《おだのぶなが》包囲網の密約が成立したのを受けてのことである。「二引き両」は足利家の紋である。越前は日本に鷹狩を伝えた高麗人が漂着したという伝承があり、朝倉氏はしばしば鷹を将軍家に贈っている。袋物は本願寺からの進物かもしれない。あるいは逆に、武田信玄からの返物かもしれない。同盟が成立する直前に、信春が朝倉家の密使とともに甲斐に下向したという想像は成り立たないだろうか。信玄に髷があるのは実際に拝謁して描いたのではないからだと思う。信春は一幅を地元に残すとともに、同盟先にも同じものをもたらしたであろう。（中略）信玄像を描いた時には朝倉氏と連絡を取っていたはずなので、まだ七尾にいたとも考えられる。（四一―四二頁）

宮島氏の推論を要約すると次のようになる。信春は信玄像（成慶院本）を、七尾《ななお》を含む、朝倉氏と連絡の取りやすい場所で描いた。それは足利義昭から贈られた腰刀、本願寺から贈られた袋物、朝倉氏から贈られた鷹を、像主が確かに入手したという証拠品として描いた。ただし、実際に信玄に拝謁して描いたのではないから、想像で髷《まげ》を描いてしまった。

そして、朝倉家の密使とともに、甲斐に下向した。その際、地元に一幅を残し、同盟先にも同じものを持っていった。

氏の文章では「地元に残す」の「地元」が、信春の制作拠点と思われる北陸方面をさすのか、信玄のいる甲斐をさすのかが判然としない。ここでは「信玄像を描いた時には……まだ七尾にいたとも考えられる」とされているから、甲斐に行く前に、信玄を見ないで描いたわけで、それゆえ想像で髷を描いたということになるのかもしれない。ところが、同じ著書の二二五頁では、

永禄九年（一五六六）に畠山氏が没落したあとは、朝倉氏に仕える絵師、曾我氏との誼《よし》みもあって反織田信長勢力に身を投じ、元亀三年（一五七二）ころには武田信玄のもとに向かい、同人の肖像画を描いている。

とある。つまり信春は甲斐に下向して、信玄を描いたとされている。宮島氏は四一頁で信春が「朝倉家の密使とともに下向した」と想像されているが、それで信玄に拝謁しなかったというのでは、下向の意味がわからない。さらに「地元に一幅を残し、同盟先にも同じものを持っていった」として、同じ画像が複数作られたとされるが、この推論の論拠もあげられていないし、そもそも、何のための「証拠品」として画像が必要なのかも不明で

ある。

仮に贈る側が、信玄に鷹・袋物・腰刀を贈った証拠として、わざわざ信春を派遣してまで描かせたというのならば、随分押しつけがましい話である。逆に、信玄がこれらを受け取った証拠として、自主的に描かせたというのも理解しにくい話である。贈り物に喜んで画像にまで描かせるというのは信玄らしくないし、贈り物を受け取った側がその証拠として自身の画像に描く習慣があったわけでもない。さらに、信玄が贈った相手に対し、確かに受け取ったという証拠とするならば、わざわざ画像など描かせる必要はあるまい。返信の書状に受け取った旨を明記し、経験豊富な家臣に託して相手に届けるだけでよいのであり、またそれが双方にとって、画像に贈り物を描くことよりはるかに重要なことなのだ。

宮島氏によれば、贈る側は反信長同盟に信玄を加担させる目的で鷹・袋物・腰刀を贈ったという。したがって信玄からの返信には、贈り物を受け取ったことを明記するとともに、同盟への加担を承諾した旨を書いてもらう必要がある。それこそが、贈り物を贈ったことの真の目的だからである。事の緊急性から考えても、書状のやりとりこそが唯一絶対の方法である。証拠としての画像作成などとは悠長にすぎよう。

## 間違って描かれた髷

宮島氏が二引両紋の刀剣を、将軍家の進物としたことも疑問である。前述のように、将軍家の進物は桐紋《きりもん》の品であって、二引両紋の品が使われる可能性はほとんどない。したがって、これを足利義昭からの進物とすれば、桐紋の品ではなく、二引両紋の品を進物としたことの説明が必要であろう。

つぎに髷の存在について、宮島氏は「信玄に髷があるのは実際に拝謁して描いたのではないから、想像で髷を描いてしまった」とされた。だが、信玄との同盟の強化のための贈答品として画像を描かせた注文者が、出家している信玄の頭部に「想像で髷を描いてしまった」ような不手際を絵師にさせるだろうか。さらに、そんな杜撰《ずさん》な画像を注文者が信玄に贈り、勝頼《かつより》が遺影として成慶院に寄進するだろうか。信玄が出家であることは周知の事実（そもそも武田晴信《はるのぶ》が出家して信玄になったのだ）のはずだから、仮に拝謁したことのない絵師が常識を働かせたならば、自動的に坊主頭で描いたはずである。

ちなみに、出家から二年後の永禄《えいろく》四年（一五六一）の川中島《かわなかじま》合戦を描いた江戸後期の『川中島合戦図屛風』（勝山城博物館蔵）左隻四扇下端の、生萱山《いきがややま》の陣所の場面に描かれた信玄の、兜を被らず床几にかけた姿は、浄真寺《じょうしんじ》本の図様に酷似しており、その写しと見られるが、これも坊主頭である。

さらに、信春が成慶院本を想像で描いたということ自体、疑問である。像主の容貌と体躯の迫真性からすれば、信春が実際に接したことのある人物を描いたと考えたほうが自然であろう。実際、山根有三氏や土居次義氏など多くの美術史家が、成慶院本の持つ迫真性を、絵師が像主に接して描いた結果とされている（一六三頁参照）。

これに対し、宮島氏の推論では、信春は甲斐には行ったが、信玄には拝謁せぬままに、その肖像画を描いたために、間違って鬠をつけてしまったことになる。このように、成慶院本を想像の産物とされたのは、最近では宮島氏のみであろう。無論、こうした問題は多数決で決まるものではないが、多くの美術史家が、成慶院本の迫真性を、絵師が像主に接して描いた結果と指摘されている以上、宮島氏も鬠のない像主に鬠を描いたのは想像画であるからと言うのではなく、これが想像で描かれたということについて、より説得力のある推論を示されることが望まれるように思う。

それにしても、信春という絵師は、鬠のない像主に鬠を描くほど杜撰《ずさん》な人物だったのだろうか。

# 接点のある人物

# 長谷川信春の経歴

## 武家であった実父

武田勝頼《たけだかつより》が寄進した信玄《しんげん》の寿像《じゅぞう》といわれてきた成慶院《じょうけいいん》本の像主が、信玄ではないことは確実である。また実際に勝頼が寄進したのは逍《しょう》遙軒《ようけん》筆の信玄像で、浄真寺《じょうしんじ》本と同じ図様の画像であったことも確実である。そこで成慶院本の真の像主が誰かということが問題になる。

あらためて、土居次義氏や山根有三氏らの研究を参考にして、長谷川信春《はせがわのぶはる》の経歴を見ることにしよう。長谷川家の家譜である京都仲家蔵の文化六年（一八〇九）の『長谷川家系譜』（『七尾町旧記』所収）には、等伯（信春）に関する記事がある（原文は中島純司氏『日本美術絵画全集一〇　長谷川等伯』集英社、一九七九年に収録）。その大意を紹介する。

五代長谷川法眼《ほうげん》等伯《とうはく》藤原信道（ママ）（初名は宗伯《そうはく》。雪渡斎《せっとさい》。俗名は文四郎。久六）は、能登国《のとのくに》七尾《ななお》城主畠山《はたけやま》家の「下臣」（原文のまま）の奥村文之丞《ぶんのじょう》藤原宗道の実子である。等伯は能登国七尾の産である。（中略）今の七尾は、元は所口村という所である。元の七尾は今の七尾の一里余り外にあった。天正二年の合戦で畠山義則《よしのり》公が落城した後は、元の七尾の町は今の七尾の所へ引き移った。

等伯の父奥村文之丞の親の名は奥村宅之丞《たくのじょう》元道という。そのまた宅之丞の先代は分からない。等伯のゆかりに宗以《そうい》入道という人がいる。また奥村文次という染物屋がいる。これらは皆本延寺《ほんねんじ》の由縁である。

これによれば、等伯（信春）は能登七尾（石川県七尾市）の出身で、その実父の奥村文之丞は能登守護で七尾城主であった畠山氏の「下臣」であったことになる。文中の本延寺は日蓮宗《にちれんしゅう》寺院で、京都の本法寺の末寺という（『七尾町旧記』）。同寺に「慶長十四年二月　願主奥村宗以入道」という裏書きがある「涅槃図《ねはんず》」や、「元和三年二月　奥村宗以」と記された「本尊曼陀羅《ほんぞんまんだら》」があることが、河野元明氏の「長谷川等誉の作品」（『国華』九六八号、一九八四年）に報告されており、等伯にゆかりの「宗以入道」が「本延寺の由縁」であったとの『長谷川家系譜』の記事に信憑性《しんぴょうせい》が生じる。

さらに、遠藤幸一氏は「長谷川信春と能登」一～四（『富山大学教育学部紀要』二八、一九七九・八一・八二・八八年）で、江戸後期の『三州志』から、慶長五年（一六〇〇）の関が原の役の際、徳川方についた前田利政《まえだとしまさ》軍の長連竜《ちょうつらたつ》の家臣として、奥村宗意の存在を確認し、また『長家由来書』から長家の家臣に奥村宗意の存在を確認している。長氏は畠山氏の重臣だから、『長谷川家系譜』の等伯の父の奥村文之丞が「畠山家の下臣」であったとの記事にも、信憑性が生じる。

なお、狩野永納《かのうえいのう》の『本朝画史《ほんちょうがし》』に「初名は久六、能州七尾人、而して世染色家也」とある。初名の久六と七尾出身ということは、『長谷川家系譜』に一致する。つまり信春は畠山氏の家臣である奥村家から、染物屋の長谷川家の養子になったことになる。

## 信春の作品群

つぎに信春の作品を見よう。表2は成慶院本と同じ「信春」の袋印（一九二頁図37）のある主な作品の一覧表で、山根有三氏の前述「等伯研究総論」（『桃山絵画研究』〈山根有三著作集六〉）による。これを見ると、作品が北陸地方の寺院に集中しており、彼が七尾の出身という『長谷川家系譜』の記事を裏づけている。また作品の款記《かんき》から、信春の氏は藤原、通称が又四郎のち帯刀《たてわき》で、本名が信春とわかる。

作品のなかで注目されるのが日堯上人《にちぎょうしょうにん》像で、山根氏は「貴族の出で、病身かつ神経質

表2　長谷川信春の袋印の主要作品

| 年次 | 西暦 | 作品名 | 年齢や年次を示す落款など | 所蔵者名 |
|---|---|---|---|---|
| 永禄　七 | 一五六四 | 十二天図 | 「藤原長谷川信春廿六歳」(日天図) | 羽咋市・正覚院(真言宗) |
| 〃 | 〃 | 〃 | 「藤原長谷川信春廿六歳筆」(月天図) | 〃 |
| 〃 | 〃 | 〃 | 「長谷川廿六歳筆」(羅刹天図) | 〃 |
| 〃 | 〃 | 日蓮上人画像 | 「長谷川又四郎　藤原廿六歳筆」「永禄七甲子奉図之者」 | 高岡市・大法寺(日蓮宗) |
| 〃 | 〃 | 釈迦・多宝仏図 | 「長谷川　藤原信春　廿六歳筆」 | 〃 |
| 〃 | 〃 | 鬼子母神・十羅刹女図 | 「永禄七甲子奉図之日恵」 | 〃 |
| 永禄　八 | 一五六五 | 日蓮上人画像 | 「長谷川　廿七歳筆」 | 七尾市・実相寺(日蓮宗) |
| 永禄　九 | 一五六六 | 三十番神図 | 「長谷川又四郎　廿八筆　永禄丙寅」 | 高岡市・大法寺(日蓮宗) |
| 永禄十一 | 一五六八 | 涅槃図 | 「卅才」 | 羽咋市・妙成寺(日蓮宗) |
| 元亀　二 | 一五七一 | 鬼子母神・十羅刹女図 | 「元亀二辛未年霜月十九日」「妙伝寺常什主白敬」「長谷川信春」 | 富山市・妙伝寺(日蓮宗) |
| 元亀　三 | 一五七二 | 日堯上人画像 | 「父道浄六十五歳」「長谷川帯刀信春三十四歳筆」「遷化日堯聖人尊霊位　生年卅歳」「于時元亀三壬申暦五月十二日」 | 京都市・本法寺蔵(日蓮宗) |
| 天正七カ | 一五七九カ | 日禛上人像 | 「法印日禛(花押)」 | 個人蔵(日蓮宗寺院旧蔵カ) |

な痩せた日堯の容貌は、その生きる姿を知る者でないと描けない、と感じさせるものをもつ」（三〇〇頁）とし、また「対看写照性《たいかんしょうしょう》を感ずる」（三〇一頁）ともされている。つまり、信春は元亀《げんき》三年（一五七二）五月十二日に三十歳で没した日堯上人に、対面しているというのである。つぎに、羽咋市の妙成寺蔵の涅槃図に「三十才」とあり、これは永禄十一年（一五六八）にあたるから、この年から元亀三年のあいだに、信春は京都に出たのではないかとされた。従来、信春上京の時期は日堯上人像を描いた元亀三年で、その少し前に両親が相次いで没したことが上京の契機となったとの土居氏の推論が支持されてきたが、山根氏は上京の時期を少し前に移したのである。

つぎに、遠藤幸一氏が「新出「信春」印・「法印日禛《にっしん》銘高僧図について」（『富山大学教育学部紀要』三一、一九八三年）で紹介された画像について、山根氏は、つぎのように指摘されている。これは日禛上人像として誤りなく、また「法印日禛（花押）」とあるから、日禛が法印《ほういん》となった天正七年（一五七九）三月一日以後に描かれた寿像《じゅぞう》である。そして、この画像に「信春」の袋印（袋形印）があるから、信春は天正七年までは、これを用いたことになる。

さらに山根氏は、坂輪宣教氏が「長谷川等伯をめぐる二、三の問題」（『立正大学大学院紀要』十三、一九九七年）で、日乗上人《にちじょうしょうにん》像が日乗の二百遠忌《えんき》（天正七年六月）のために制作されたとする坂輪氏の推論に賛同された上で、そこに「信春」を矩形《くけい》の枠で囲んだ矩形印が捺《お》されていることに注目し、この年の三月から六月のあいだに、信春は印形を袋印から矩形印に換えているとされた。その理由について山根氏は、信春が天正七年六月に没した妻に、多年愛用の袋印を捧げたのではとされている。矩形印については、これまでは土居次義氏の研究で、袋印に先行するとされてきたし、私もそう考えてきたが、ここで訂正させていただく。

以上をまとめれば、信春は遅くとも永禄七年から天正七年まで袋印を用いており、また最初は能登方面で活動したが、永禄十一年から元亀三年のあいだに上京したことになる。

### 袋に杖は布袋のしるし

前述のとおり信春の袋印は「信春」の二字を袋で囲んだ形の朱印（一九二頁図37）である。この袋には杖が斜めにかけてある。袋と杖は、いわゆる七福神の一人、布袋の持ち物で、その象徴でもある。そのことは、すでに『鎧をまとう人びと』でつぎのように述べた。

　これは袋を描いたなかに「信春」と書かれている。袋には杖が立てかけられており、七福神の布袋の持ち物と思われる。

図37　信春の袋印
「達磨図」に捺されたもの
（石川県七尾市・龍門寺蔵）

これについて、「藤本は朱印から七福神を連想したが、七福神は江戸初期まで降る」などと批判されたことがある。だが、前掲の引用文で明らかなように、私が袋と杖から連想したのは布袋であって七福神ではない。「布袋」と書いたのでは現代人には馴染みが薄いから「七福神の布袋」と書いたまでのことである。私への批判ならば、七福神と書いたことではなく、袋とともに杖が描かれているという指摘と、これを布袋の袋とした解釈そのものについてなされるべきと思う。それは、こうした指摘と解釈は、従来、誰もされなかったと思うからである。

この杖は、室町期の布袋図に散見する、頭部が折れ曲がり先端が二股になった（何かを巻きつけた?）形で、袋の向こう側に（袋の上の結び目を通して?）立てかけているらしく、頭部が袋の左上に、先端が右下に小さく見える。石川県龍門寺蔵の「達磨図」（図37）のような、紙本で背景の色が薄い作品では杖の形も明瞭であるが、朱印の押し具合が悪かったり、保存が悪い作品では、その確認がむずかしい。

とくに絹本《けんぽん》の場合、絹の引き連れやほつれで、杖の形がゆがんだり、かすれたりしている作品がある。石川県七尾美術館蔵の「愛宕権現図《あたごごんげんず》」など、杖の頭部は袋の結び目の一部のように見えるし、杖の先端は袋の一部か朱肉の汚れのように見える。こういう作品では、杖が描かれているということを、あらかじめ誰かに教わらぬかぎり、その存在に気づくこと自体、まず不可能であろう。

松原茂氏は、「国宝松林図屛風展」図録（出光美術館、二〇〇二年一月）所収の「印影からのメッセージを読む」で、「信春」の袋印について、室町後期の絵師の等春（？—一五二〇）の印が、「信春」の袋印の母型と推測されている。『等伯画説』所収の画系図によれば、等春は信春の師ということになるが、画風の継承の有無はさておき、両者に直接的な師弟関係はない。

そこで問題の等春の印（一九四頁図38）だが、これは谷文晁《たにぶんちょう》（一七六三—一八四〇）編纂の『本朝画纂《ほんちょうがさん》』（文政十一年〈一八二八〉ころ成立か。松原氏によれば一八九〇年刊）に掲載された模刻の図版で実物ではない。また松原氏は印文が定かでないというから、これを等春の印と断定するのはむずかしい。かりに等春の印としても、模刻である以上、実物とは違っている可能性がある。実際、寛文十一年（一六七一）成立『辨玉集《べんぎょくしゅう》』（巻一、二に絵師の落款を収録。『日本畫論大観』中巻、アルス、一九二九年）に、等春の印として類似の印が掲

図38 「等春」の印
『本朝画纂』より

載されているが、両者には細部に違いがあり、全体としては『辨玉集』の方がはるかに精密である。このことは、類似の印が二つあったのでないかぎり、二つの印の、それぞれに、実物と違っている可能性があることを示している。

『本朝画纂』の印は、『辨玉集』のような先行書から転載されたものかもしれない。松原氏は、『本朝画纂』の印は、「文晁が等春の印と認定したもの」として信用されているが、実際に文晁が等春の実物から模写したとは限らないし、どの程度まで精密に模写されたのかも不明である。さらに問題は、その形状自体に「信春」の袋印との類似性がないことである。

この印の形状について、松原氏は「衣を肩脱ぎにして右手を突き出した人物の後ろ姿」とされているが、このように頭がなく胴や手足の区別が判然としない人物では、簡略な禅画などはさておき、ある種の写実性が要求される当時の絵師の印章の表現にはなじまない。また、突き出したものを握り拳とすることにも納得しかねる。なぜなら、これを右手の握り拳とすると、小指の大きさが異常だからである。

同じ角度から握り拳を描いたものに、雪村《せっそん》（一五〇〇ころ―八〇前後）の布袋図（個人蔵）の左手があるが、小指は自然な大きさである。また、小指に並ぶ三指を明示しており、人差し指がやや大きい。こうした特徴は、当時の布袋や唐子《からこ》（中国の子供）のまるまるとした手の表現にも普通に見られるが、『本朝画纂』の等春の印にはそれがないうえ、小指以外の三指が一個の固まりのように描かれているのも異常である。こうした疑問については、小さな印章では表現にデフォルメがあるから気にする必要はない、という意見もあろうが、小さな印章だからこそ写実性が要求されるし、かえって日ごろ描きなれた表現に従うものと考える。さらに『辨玉集』の等春の印のその部分は、右手の握り拳には到底見えない。

そもそも印の形に人物の後ろ姿を用いるのは異例で、丸形や方形を除けば、器物、とくに鼎《かなえ》・水瓶・壺・瓢簞《ひょうたん》など容器をかたどったものが圧倒的に多い。信春の袋印も広い意味で容器の一種と言えるし、等春の印にも、上方に口、下方に高台があるから、壺様の容器と見られる。ただし、信春の袋印がほぼ円形なのに対し、等春の印は容器を中心にした全体が不整形（袋には見えない）で類似性がない。等春の印で容器を除いた部分の大半が、印肉でつぶれているように見えることはめずらしい。松原氏は、これらの印に類似性があるとして、信春は等春を意識していたとされているが、模刻を用いての比較検討は慎重に行われるべきであろう。

そこで信春が成慶院本をいつ描いたのかということが問題になる。山根有三氏は成慶院本の制作時期について、

## 成慶院本の制作年代

この信春の袋形朱文印があるから、能登時代の作品だという前提（呪縛）は解消した。要は作品自体の鑑賞と研究によって、能登時代の作品か京・堺時代の制作かを判別することである。（『桃山絵画研究』〈山根有三著作集六〉三〇五頁）

とか、

思い切って信春の上京後の作品とした（伝来も能登地方とは無関係）。これまで能登時代の作として、像主の誰かが議論されてきたのは、再考を要することになろう。（同右、三〇六頁）

などとされている。

なるほど、袋印の存在で、その制作期間は、一応、永禄七年（一五六四）から天正七年（一五七九）までということになると、そのあいだに信春が上京したことは日堯上人像の存在で確実だから、成慶院本の像主についても、幅を広げて考えねばならぬことになる。山根氏自身は「元亀年間か天正初年ごろの制作と見たい」とされており、また「対看写照の寿像」ともされている。ただ、像主については「信玄かどうかの難問（像主に対する疑

問を積極的に説得するには、なお紆余曲折が必要）には触れないが」（三〇八頁）と一応保留の形だが、文章全体を通して受ける印象としては、像主信玄説のように見える。

ところが、二引両紋の使用や髷の有無は、成慶院本の像主を信玄とするかぎり、それがいつどこで描かれようと、必ずついてまわる疑問なのである。さらに山根氏は、これを「対看写照の寿像」とされているから、信春は京ではなく信玄のいる甲斐まで行ったことになる。これらの点が史料的に解明されない以上、像主が信玄でないことは動かしようがない。つまり「信玄かどうか」の問題は、山根氏が言われるほどの「難問」ではないのである。

## 像主は畠山氏か

山根有三氏は成慶院本を「対看写照の寿像（絵自体から）と思われ、その伝神性追究の成果がここに示されたものと言ってよい。（1）・（2）以後における信春の精進が推察できる」（『桃山絵画研究』三〇七頁）とまで言い切られている。文中の（1）・（2）とは立本寺蔵の日経上人像《にっきょうしょうにん》と、前掲の日堯上人像で、山根氏は成慶院本はこれらの後に描かれたとされたのである。

そこで、像主は誰かということになるのだが、これは信春の周辺で二引両紋を家紋にする武将で、永禄後期から天正前期に、画像にふさわしい年齢の人物ということになる。さらに山根氏をして「信春の肖像画中（等伯画も含め）の最高傑作」で「伝神性追究の成果がここに示された」とまで言わしめた迫真性を考えると、像主が単なる依頼主とは考えにくい。つまり、信春と像主とのあいだに以前からなんらかの縁故があり、信春は像主を知っていた可能性がある。換言すれば、その場かぎりの依頼主ではなかったことが、あのような傑作を生む要因になったと思う。

あらためて表2（前掲一八九頁）を見よう。上京以前の信春の活動範囲は北陸になるが、これは能登七尾出身の絵師としては自然である。また七尾城主の畠山氏は実父の奥村文之丞の主君であることが確認されている。そしてこの畠山氏は足利氏の一門であり、桐紋とともに二引両紋を用いている。私は成慶院本の像主は、この畠山氏の誰かであると考える。

これに対しては、成慶院本は信春が上京後に描いたものだから、畠山氏以外の人物とすべきであるとの意見が出るかもしれないが、上京後に描いたとの確証はない。たとえ上京後に描いたとしても、像主を畠山とは無関係の人物とした場合、その家紋が二引両紋であったというのは、かなりの偶然を必要とする。また、それまで無縁の人物を、あれほど迫真的に描くであろうかとの疑問もある。さらに、これを上京後に描いたとしても、像主が畠山氏である可能性は消えないだろう。畠山氏もまた七尾を去っていたからである。

# 畠山義続の登場——エピローグ

## 畠山家の当主たち

畠山氏《はたけやまし》の系譜には不明な点が多い。『戦国大名系譜人名事典　西国編』（新人物往来社、一九八六年）の能登畠山氏の項（東四柳史明氏執筆）でも、当主の大半の生年が不明になっている。ただ、『寛政重修諸家譜』の上杉義春《うえすぎよしはる》（義明、上条織部《かみじょうおりべ》とも）の条に、一つの手がかりがある。この義春は、能登守護《のとしゅご》畠山義続《よしつぐ》の次男で、のちに上杉謙信《けんしん》の養子になった人物だが、『寛政重修諸家譜《かんせいちょうしゅうしょかふ》』には、

寛永二十年（一六四三）八月十三日京都にをいて死す。年九十九、

と見える。これから逆算すれば、義春の生年は天文十四年（一五四五）となり、また信春が日堯上人《にちぎょうしょうにん》を描いたとされる元亀《げんき》三年（一五七二）には二十八歳ということになる。一

方、成慶院本の像主は元亀四年に五十三歳で没した信玄の晩年の姿というのが、おおかたの印象であるから、義春は成慶院本の像主としては若すぎる。年齢的にふさわしいのは義春の父の義続であろう。義続は、天文十四年に五十五歳で没した父義総《よしふさ》の跡を継いで能登守護になった人物である。のちに領国内の混乱から守護職《しゅごしょく》を長男義綱《よしつな》に譲り、自身は後見をつとめるが、永禄九年（一五六六）九月に父子とも、重臣たちに近江《おうみ》に追放され、天正十八年（一五九〇）三月十二日に没している（東四柳史明「畠山義綱考」『国史学』八八、一九七二年ほか）。

このように、年齢的に無理がないし、永禄末年には近江にいたから、信春が上京していても、描ける可能性がある。ところが、義続を像主とするには、大きな障害がある。義続は壮年期に出家しているのである。すなわち天文二十年（一五五一）五月二十三日付けの畠山七人衆連署状《れんしょじょう》（東京大学蔵）の袖《そで》（右端）に「悳祐《とくゆう》（花押）」とある。この悳祐は義続の出家後の名だから、このころまでに出家したものと思われる。

## 加藤秀幸氏の畠山義綱説

ところで宮島新一氏は、加藤秀幸氏が前掲「武家肖像画の真の像主確定への諸問題」上・下（『美術研究』三四五・三四六、一九八九年一一月号・一九九〇年三月号）で、像主を畠山義続とされたことを取り上げて、「髷の有無は義続も早くに剃髪しており、それを否定の理由とするならば、義続像とすることも成り立たないであろう。何よりも成慶院は畠山家とまったく関係がない」とされた（『長谷川等伯』四〇頁）。だが、拙著『鎧をまとう人びと』で述べたように、加藤氏が一九八八年十一月に最初に像主として発表されたのは義続ではなく、その嫡男の義綱である。一方、私は一九八八年十二月に加藤氏の義綱説を批判して、像主が義続である可能性を指摘したが、同時に髷の存在がその推論の障害になることも指摘した。拙著でも「髷があることで信玄説を否定した私が、髷の存在を無視して義続説を主張すれば、恣意的にすぎると批判されるのがおち」と述べている。

私と加藤氏は、ともに像主畠山氏説ということで、しばしば併記されるが、実は明白な違いがある。私が最初から義続説を提唱しつつも結論を保留しているのに対し、加藤氏は最初は義綱説を発表し、のちに義続説を断定的に述べられたことである。直接的な史料を欠いた現状では、保留にするのが最善と思う。とりあえずは、像主が畠山家の誰かである可能性の高いことを指摘するだけで十分だろう。

## 興臨院の畠山氏画像

像主が義続か否かを確かめる方法が一つある。確かな義続像と照らし合わせればよいのである。ところが、義続像が見あたらない。ただ、畠山家の菩提所である大徳寺興臨院《だいとくじこうりんいん》にある二幅の法体像《ほったいぞう》が注目される。一幅は義続の父で、天文十四年（一五四五）に五十五歳で没した義総の像と伝える。賛《さん》や落款《らっかん》はなく、家紋も描かれていないが、製作年代は江戸期より古く、像主の年齢も高齢とみられるから、義総像とみても差し支えない。

いま一幅は、義続の次男で、寛永二十年（一六四三）に九十九歳で没した義明（義春とも）の像と伝える。これには寛永二十年の年紀と「宗波」という法名、それに九十五歳の時の寿像《じゅぞう》であることが記されている。像主は老人で、腰刀《こしがたな》の目貫《めぬき》には丸に二引両紋《ふたつひきりょうもん》が見える。寛永当時の作としてよいだろう。

このように、興臨院には父の義総とおぼしい画像と、子の義明の確かな画像があるが、そのあいだに入り、成慶院本の像主が義続か否かの決め手になるかもしれない義続の画像が見あたらない。この事実をどのように解釈すべきであろうか。

なお、宮島新一氏は「成慶院は畠山家とまったく関係がない」から成慶院本の像主も畠山氏ではないというが、ある寺の什物《じゅうもつ》のなかに、その寺の檀家《だんか》などとは無関係な品が紛れ込んでいる例は、いくらでもある。浄真寺本など、その好例であろう。浄真寺は延宝《えんぽう》六年（一六七八）に吉良《きら》家《け》の家臣大平家の居館跡に創建された新しい寺で、頼康《よりやす》は勿論、吉良家自体とも関係がないのである。

さらに郷土史家の矢崎勝巳氏によれば、「源姓武田氏系図」（米沢市立図書館蔵）に「信玄の次男の竜芳《りゅうほう》（竜宝、隆法とも）が畠山義隆《よしたか》（義続と同一人という）の女《むすめ》をめとる」とあるという（『産経新聞』二〇〇〇年四月二〇日。この情報は山梨新報社の斉藤芳弘氏より提供された）。これならば、竜芳夫人の関係で、義続像が成慶院に寄進されてもおかしくない。矢崎氏は、後世の人が実父信玄と義父義続を取り違えた可能性を指摘している。もっとも、像主信玄説の主張者は、竜芳夫人の関係で信春が甲斐を訪れ、信玄の画像を描いたなどと、いいだすかもしれない。

## まとめ

武田家の祈願所である高野山成慶院に伝えられた武将画像―成慶院本―は、信玄の画像として有名である。その論拠は、信玄の没後、その寿像《じゅぞう》（生前に作られた像）を納めたことを伝える、息子勝頼《かつより》の書状（成慶院文書）だが、ここには納めた画像の内容が書かれていない。だから、この書状でわかるのは、勝頼が信玄の画像を納めたという事実だけで、それが成慶院本かどうか判断できないのである。

成慶院本を信玄として明記した史料の初見は『集古十種《しゅうこじっしゅ》』である。ところが同書は江戸後期の編纂物で、内容にも問題がある。これに対し、出羽武田家の史料である「御什《おんじゅう》物《もつ》の覚《おぼえ》」のなかに、武田家から成慶院に納められた信玄像は、弟の逍遥軒《しょうようけん》が描いたという記事がある。「御什物の覚」は『集古十種』より一〇〇年以上も前の記録で、内容も信用できる。

この記事から、成慶院本の像主を信玄とすることに疑問が生じる。というのは、成慶院本は、その落款《らっかん》（朱印）から桃山時代を代表する絵師の長谷川等伯《とうはく》が、かつて信春《のぶはる》と称していたころに描いたことが明らかだからである。信春は能登七尾《のとななお》の出身で、信玄の在世中はもっぱら北陸方面で活躍していた。当然のことながら、二人が会ったことを示す史料はないし、信春が信玄を描く必然性も見あたらない。これに対し、弟の逍遥軒が、生前の信玄を描き、それを息子の勝頼が成慶院に納めたというのは、きわめて自然な話である。

そこで成慶院本のなかに、像主が誰かを示す手がかりを捜すと、まず注目されるのが、像主に髷《まげ》があることである。像主信玄説の主張者は、成慶院本は五十三歳で死去した信玄の晩年の姿としているが、信玄は三十九歳で出家しているから、晩年の姿に髷があるのは不自然である。これに対して信玄は出家後も髷を切らなかったとか、当時、法体《ほったい》で髷を結った武士もいたと主張するかたがいる。だが、信玄が髻を切らなかった証拠はない。反対に、切ったことをうかがわせる史料はある。また法体で髻を結った武士は確かにいたが、それは例外である。だいいち成慶院本の像主は、法体を象徴する袈裟《けさ》をかけていないのだ。成慶院本のように完璧な俗体像を、出家後の姿と言われても説得力がない。髻の存在は、像主が信玄であることに疑問を抱かせる。

つぎに注目すべきは、刀剣に二引両《ふたつひきりょう》（丸に二引両）の紋章があることである。当時、画像に描く紋章は、像主の家紋であることが普通だし、本文中でも述べたように、そのことが画像制作の目的にもかなっている。だから像主の家紋は、二引両ということになるが、信玄の家紋は花菱《はなびし》紋だから、像主は信玄でないことになる。これに対し、像主信玄説の主張者は、二引両紋は足利将軍家の紋だから、これらの刀剣は将軍家から信玄に賜与《しよ》されたものとされている。だが、将軍家から賜与するものには、より権威の高い桐紋《きりもん》がつくのが常識で、足利家のいわば私紋である二引両紋をつけることは例外なのだが、なぜこれをつけたのか、納得のゆく説明はない。さらに、自身の画像に他家の私紋を描かせ、自家の花菱紋は描かせなかったというのは信玄らしくないし、当時の画像制作の常識からも逸脱している。二引両紋の存在も、像主が信玄であることに疑問を抱かせる。

一方、江戸期の模写された甲冑姿の画像で、原本は成慶院蔵の逍遥軒《しょうようけん》筆の信玄像と記したものがいくつもある。特に優秀なのは浄真寺《じょうしんじ》蔵のもの（江戸初期以前の可能性さえある）だが、これは信玄の時代の最高級の武装を忠実に再現しているうえ、甲冑や刀剣に花菱紋が多数描かれるなど、あらゆる点で、像主を壮年期の信玄として矛盾がない。この画像の原本こそ、逍遥軒が描き勝頼が成慶院に納めた信玄の寿像であったと考えられる。

要するに、成慶院には、信玄とするには風俗描写が矛盾だらけで、信玄像とは認めがたい成慶院本とは別に、風俗描写に矛盾がない信玄の画像があったわけである。

そうなると成慶院本の像主が誰であるかが問題になる。多くの美術史家は、成慶院本の迫真的な描写から、絵師が想像で描いたり、他人の作品を模写したりしたものではなく、対看写照《たいかんしゃしょう》、つまり絵師が像主に会って描いたものとされている。そこで信春の活動範囲から、二引両を家紋にした武将を捜すと、能登守護で七尾城主の畠山氏が浮かんでくる。七尾は信春の出身地であり、その実父は畠山氏の「下臣」というから、信春が畠山氏の誰かを描いたというのは、逍遥軒が信玄を描いたというのと同様、きわめて自然である。そこで私は、像主を畠山氏の誰かの可能性があると考えるに到った。

これに対し、像主を信玄とするには、髷および二引両紋の存在理由と、信春が信玄を描くことの蓋然性とを具体的な史料をあげて説明せねばならない。これらの説明は、本文中で紹介したように、今日まで延々と繰り返されてきたけれども、それらは複雑かつ難解な割に論拠に乏しく、いまだに説得力のあるものを聞かない。説明が複雑かつ難解になるのは、最初から像主を信玄と決めてかかったからだが、最初に結論ありきというのは、いかがなものであろうか。

そこで私は、髷は像主が実際に結っていたから描かれ、二引両紋は像主の家紋だったから描かれたと素直に解釈してみた。結果として、像主は信玄ではないことになるが、このほうが常識的な解釈だけに説得力があると思う。さらにこの解釈により、甲斐に下向した形跡がない信春が、なぜ、信玄をあれほど迫真的に描けたのかという問題について、面倒な説明をしなくてもよくなる。そもそも信春は信玄を描かなかったのだから、説明などする必要がないのである。

成慶院本の像主は伝来の信玄とはやはり別人である、というのが本書の結論である。

# あとがき

永禄《えいろく》末年から天正《てんしょう》初年にかけて、織田信長《おだのぶなが》は上杉謙信《うえすぎけんしん》にプレゼント攻勢をかけた。宿敵武田信玄《たけだしんげん》を牽制《けんせい》してもらうためである。国宝の『洛中洛外図屏風《らくちゅうらくがいずびょうぶ》』（米沢市上杉博物館蔵）も贈り物の一つだが、別に見事な腹巻《はらまき》が贈られている。この腹巻は江戸時代に胴だけが上杉家を離れ、転々としたのち、東京都品川区大井の西光寺《さいこうじ》（浄土真宗《じょうどしんしゅう》）のご住職、芳賀實成《はがじつじょう》師が入手されて寺に納めた。現在、重要文化財に指定されている。西光寺と上杉家には直接の関係はない。このことは、武田家の菩提所である成慶院《じょうけいいん》にある画像だから信玄像だとするような発想に、一考の余地があることを示している。

芳賀師は甲冑《かっちゅう》に造詣の深いかたで一流の蒐集家であった。本書で紹介した武田勝頼《かつより》が甲斐《かい》一の宮の富士浅間神社《ふじせんげんじんじゃ》に寄進した兜《かぶと》なども入手されている。師の関心は、合戦のあった時代の緊張感に満ちた甲冑、歴史的裏づけのある甲冑、制作当初の形状を留めた甲冑、ある形式が爛熟《らんじゅく》する前の過渡期の甲冑、よそではみられない甲冑に集中していた。美術的価値や金銭的価値を云々するよりも、それを作り着用し消え去った人間の息づかいが感じられるものに関心があったのである。

私が芳賀師に本格的に師事したのは大学生の時である。師事と言っても、私のほうで勝手にそう思っていただけで、先生風を吹かされたことは一度もなかった。それどころか、名刹《めいさつ》のご住職でお堅い歴史の研究者とは思えぬほど、抱腹絶倒の冗談を連発されたものである。そうした態度は、誰に対しても同じだったから、年長者はどのように思われたか知らないが、私のような若い者、目下の者にとっては芳賀師なりの気遣いが感じられた。

このかたに教えられたことは、あまりに多い。話術が巧みで私をからかう合間に、ふと真顔になって「一部屋全体に詰まった歴史の手掛かりとして、残った史料は一握り。そのうち我々が目にするのは一摘み。その一摘みさえ正しく理解できるとはかぎらない。そんな人間が歴史を語るのだから……」などともらされたことが思い出される。歴史を語るのは慎重にというより、歴史に対して謙虚に対応するようにという教訓と受け止めて、日ごろから心がけているつもりだが、実行はなかなかむずかしい。

歴史について造詣が深く、文章も巧みながら、研究書を執筆することはなく、芳賀師は二〇〇一年（平成十三）十二月二十七日に七十九歳で他界された。このあとがきで芳賀師を紹介させていただいたのは、私の歴史研究に筋道をつけて下さったかたであるとともに、つぎのようなエピソードがあるからである。

三十数年前、ある新刊書に信玄の諏訪法性《すわほっしょう》の兜の前立《まえだて》が護符形とあった。後日、その話が出た時、芳賀師はひとこと「日輪ですよ」と言われた。調べてみるとその可能性が高い。だから本書でもそのように書いたが、今にして思うと、芳賀師は、この本に書いたことなど、すでに見通されていたようだ。多くの示唆を与えられていたことを執筆中に再確認した。あらためて感謝申し上げるとともに、心からご冥福を祈りたい。

本書は、多くのかたがたの学恩・支援により、成り立っている。拙著『鎧をまとう人びと』のあとがきでも書いたが、私の信玄画像の研究は、学生当時、映画『風林火山《ふうりんかざん》』の衣装の考証とデザインを担当された柳生悦子《やぎゆうえつこ》氏のご紹介で、美術部のアルバイトとしてこの映画の制作に参加したことがきっかけになっている。そうした機会を設けて下さった柳生氏と、貴重な史料の写真・図版の掲載をご許可下された関係諸機関各位に対し、とくに感謝申し上げたい。

また、前著『鎧をまとう人びと』に引き続き、本書の企画・編集に尽力し、編集過程で多くの助言を下さった吉川弘文館編集部の斎藤信子氏にも感謝申し上げたい。
最後に私事にわたって恐縮であるが、研究の道を開いてくれた亡父正明と、執筆の時間を設けてくれた家族に感謝したい。本当にありがとうございました。

二〇〇五年九月二十五日

藤 本 正 行

# 参考文献

画像関係

谷　信一「出陣影の研究」上・下（『美術研究』六七・六八、一九三七年）

土居次義『長谷川等伯』〈日本の美術八七〉（至文堂、一九七三年）

〃　「清水寺の絵馬」（『絵馬―清水寺―』所収、清水寺、一九八一年）

瑞　巌　寺「瑞巌寺と伊達家」展図録（一九九六年）

中島純司『長谷川等伯』〈日本美術絵画全集一〇〉（集英社、一九七九年）

加藤秀幸「武家肖像画の真の像主確定への諸問題」上・下（『美術研究』三四五・三四六、一九八九・一九九〇年）

サントリー美術館「加賀・能登の画家たち―等伯・守景・宗雪―」展図録（一九九二年）

仙台市博物館編『仙台藩の絵画』〈仙台市博物館収蔵資料図録五〉（一九九三年）

石川県立七尾美術館「長谷川等伯展―能登から京へ―」図録（一九九六年）

河原由紀子「元秀筆織田信長像の着衣の解釈」（『美術史』一四二、一九九七年）

山根有三『桃山絵画研究』〈山根有三著作集六〉（中央公論美術出版、一九九八年）

黒田日出男編『肖像画を読む』（角川書店、一九九八年）

宮島新一『武家の肖像』〈日本の美術三八五〉（至文堂、一九九八年）

福島県立博物館「集古十種」展図録（二〇〇〇年）
宮島新一『長谷川等伯』（ミネルヴァ書房、二〇〇三年）
守屋正彦『近世武家肖像画の研究』（勉誠出版、二〇〇二年）
東京国立博物館「大日蓮展」図録（二〇〇三年）
東京国立博物館他編「空海と高野山」展図録（二〇〇三年）
町田市立国際版画美術館編「浮世絵　大武者絵展」図録（二〇〇三年）

信玄・紋章・甲冑・服飾関係

沼田頼輔『日本紋章学』（初版は明治書院、一九二六年、再販は新人物往来社、一九六八年）
鈴木敬三『武装図説』（吉川弘文館、一九五四年、『改定増補故実叢書』明治図書出版、一九九三年）
鈴木敬三監修『復元の日本史　合戦絵巻―武士の世界―』（毎日新聞社、一九九〇年）
鈴木敬三『有職故実大辞典』（吉川弘文館、一九九六年）
東京大学史料編纂所『大日本史料』第十編之十五（東京大学、一九七五年）
山岸素夫・宮崎真澄『日本甲冑の基礎知識』（雄山閣出版、一九九〇年）

著者の論考

「守屋家所蔵武装騎馬画像の一考察」（『甲冑武具研究』三二、一九七四年）
「謎の戦国武将画像」（『別冊歴史読本』二七、新人物往来社、一九八三年）

「武田信玄の肖像」(『月刊百科』三〇八、平凡社、一九八八年)
「家紋は語る」(『週刊朝日百科　日本の歴史別冊　歴史の読み方』八、朝日新聞社、一九八九年)
『鎧をまとう人びと』(吉川弘文館、二〇〇〇年)
『信長の戦争』(〈講談社学術文庫〉講談社、二〇〇三年、初版は『信長の戦国軍事学』宝島社、一九九三年)

著者紹介

一九四八年、東京都に生まれる
一九七二年、慶応義塾大学文学部史学科卒業
一九八七年、千葉大学非常勤講師
一九九〇〜九一年、東京都立大学非常勤講師
現在、国学院大学兼任講師、株式会社彩陽代表取締役

主要著書
鎧をまとう人びと　信長の戦争



歴史文化ライブラリー
206

# 武田信玄像の謎

二〇〇六年（平成十八）一月一日　第一刷発行

著　者　藤《ふじ》本《もと》正《まさ》行《ゆき》
発行者　林　英男
発行所　株式会社 吉川弘文館
東京都文京区本郷七丁目二番八号
郵便番号一一三—〇〇三三
電話〇三—三八一三—九一五一〈代表〉
振替口座〇〇一〇〇—五—二四四
http://www.yoshikawa-k.co.jp/
印刷＝株式会社 平文社
製本＝ナショナル製本協同組合
装幀＝山崎　登

歴史文化ライブラリー

1996.10

## 刊行のことば

現今の日本および国際社会は、さまざまな面で大変動の時代を迎えておりますが、近づきつつある二十一世紀は人類史の到達点として、物質的な繁栄のみならず文化や自然・社会環境を謳歌できる平和な社会でなければなりません。しかしながら高度成長・技術革新にともなう急激な変貌は「自己本位な刹那主義」の風潮を生みだし、先人が築いてきた歴史や文化に学ぶ余裕もなく、いまだ明るい人類の将来が展望できていないようにも見えます。このような状況を踏まえ、よりよい二十一世紀社会を築くために、人類誕生から現在に至る「人類の遺産・教訓」としてのあらゆる分野の歴史と文化を「歴史文化ライブラリー」として刊行することといたしました。

小社は、安政四年（一八五七）の創業以来、一貫して歴史学を中心とした専門出版社として書籍を刊行しつづけてまいりました。その経験を生かし、学問成果にもとづいた本叢書を刊行し社会的要請に応えて行きたいと考えております。

現代は、マスメディアが発達した高度情報化社会といわれますが、私どもはあくまでも活字を主体とした出版こそ、ものの本質を考える基礎と信じ、本叢書をとおして社会に訴えてまいりたいと思います。これから生まれでる一冊一冊が、それぞれの読者を知的冒険の旅へと誘い、希望に満ちた人類の未来を構築する糧となれば幸いです。

吉川弘文館

〈オンデマンド版〉
# 武田信玄像の謎

On Demand
歴史文化ライブラリー
206

2018年（平成30）10月1日　発行

著　者　藤《ふじ》本《もと》正《まさ》行《ゆき》
発行者　吉川道郎
発行所　株式会社　吉川弘文館
〒113-0033　東京都文京区本郷7丁目2番8号
TEL　03-3813-9151〈代表〉
URL　http://www.yoshikawa-k.co.jp/

印刷・製本　大日本印刷株式会社
装　幀　清水良洋・宮崎萌美

藤本正行（1948～）

ISBN978-4-642-75606-8